정의

얼마나 공정한가의 문제

더 넓은 세상을
보여 주는 교과서

정의

얼마나 공정한가의 문제

양설 · 김원태 · 이미림 엮고 씀   민주화운동기념사업회 · 학교시민교육연구회 기획

미국 시민교육센터(CCE) 시민교육 프로그램 공유 출판 도서

살아 있는 민주주의,
진화하는 민주주의를 위하여

살아 있는 민주주의는 늘 진화 중이며, 그 진화에는 끝이 없습니다. 살아 있는 민주주의는 완전한 형태로 성취될 수도 없지만, 우리가 방심한다면 쉽게 사라질 수도 있는 나약하면서도 늘 변화하는 과정에 있는 것입니다. 그렇기에 이에 대해 늘 관심을 갖고 지켜보아야 하며, 더 나아가서는 이를 지켜내려는 희생이 필요하기도 합니다.

민주주의를 실현하려는 사회에서는 제도뿐 아니라 이를 실천에 옮기려는 사회 구성원들의 의지도 중요합니다. 더 나아가 그 사회에 살고 있는 대다수의 시민들이 민주주의에 대해 무지하거나, 그것을 적절히 실천할 수 있는 방법과 절차를 알지 못한다면 민주주의는 결코 진화할 수 없습니다. 제도 발전과 함께 올바른 의식을 갖춘 시민 양성에 관심을 갖는 일은 민주주의 발전 과정에서 자연스러운 것입니다.

따라서 우리나라의 학교는 의식적으로 계획된 교육과정을 통해 민주적인 정치의식이나 신념 및 태도들을 '어린 시민'들에게 내면화시키는 중요한 역할을 해야 합니다. 우리 사업회가 2005년 전국사회교사모임에 의뢰한 연구 보고서는 전국 1,000여 명의 초중고 교사들의 응답을 다음과 같이 정리하였습니다.

교육과정상의 모든 교과는 민주시민교육을 지향하도록 하고 있으며, 재량활동과 특별활동에서도 민주시민교육과 민주시민의 자질을 형성하도록 되어 있는데도 불구하고 교과 및 특별활동, 창의적 재량활동, 이들을 포함하는 전반적인 교육활동상에서 민주시민교육에 대한 기여도가 평균 이하로 나오는 것으로 보아 현재 학교에서 이루어지고 있는 교육활동이 민주시민 양성이라는 궁극적인 목표를 제대로 달성하지 못하고 있는 것으로 판단된다.

그리고 이 연구에 의하면 우리나라 교사들은 책임감, 인권, 참여, 정의, 관용을 우선적으로 다루는 시민교육교재 프로그램이 필요하다고 보았습니다. 따라서 민주화운동기념사업회는 2008년 10월 미국 시민교육센터(CCE: Center for Civic Education)와 양해각서(MOU)를 체결하고, '민주주의의 기초(Foundation of Democracy)' 라는 시민교육 프로그램을 한국형으로 개발하기로 했습니다.

이미 몇 년 전부터 이 프로그램에 관심을 갖고 번역하여 공부를 하였던 교사들이 있었기에 별다른 어려움 없이 이 책을 출판하게 되었습니다. 우리 사업회보다 먼저 관심을 갖고 공부모임에 참여하셨던 공영아 · 김미란 · 김소연 · 김원태 · 문덕순 · 양설 · 윤지아 · 이근화 · 이민정 · 이은주 · 이정은 · 이지영 · 이현주 · 이혜숙 · 장대진 · 천희안 선생님들께 감사의 마음을 전합니다.

2009년 12월

민주화운동기념사업회 이사장 함세웅

평범한 사람들이 만드는 사회정의가 더욱 가치 있습니다

슈퍼맨, 배트맨, 스파이더맨 등으로 명명되는 영화 속 영웅들은 자신이 다치는 것에 아랑곳하지 않고 굳은 의지와 희생정신으로 악당을 물리치고 정의를 지킵니다. 처음에는 영웅의 활약에 신이 나지만 어느 순간엔 나처럼 힘없고 용기 없는 소시민은 저런 '악'과 '부정의함'에 대항할 수 없을 거라는 생각이 들기도 하지요. 이 책은 한 명의 영웅보다 우리 같은 평범한 사람들이 진짜 정의로운 사회를 만드는 발걸음이 되어 왔고, 또 앞으로도 그러할 것이라는 전망을 드러내기 위해 쓰였습니다.

우리가 어떻게 생각하고 결정하느냐에 따라 사회는 조금씩 달라집니다. 우리는 우리 자신이 생각하는 것보다 훨씬 더 중요하고 위대한 존재이며, 책임감 있게 사고하고 정의롭게 행동하면 아무리 어렵고 힘든 문제라도 능히 해결해 나갈 수 있습니다. 그럼, 책임감 있는 사고와 정의로운 행동을 위해 우리는 무엇을 연습하고 노력해야 할까요?

우선 무엇이 옳고 부당한 것인지, 어떤 것에 문제의식을 가지고 비판적으로 접근해야 하는지 알아야 합니다. 그리고 무엇을 소중한 가치로 받아들이고 지켜야 하는지 등에 대해 자신만의 판단 기준을 갖도록 연습하고 노력해야 합니다. 책임감 있고 시의적절한 가치와 윤리의 진화를 촉진하는 데 애쓰고 있는 '부다페스트 클럽'에서는 사람들이 다음과 같은 책임을 져야 한다고 말합니다.

개인으로서, 우리는 우리의 이익을 추구할 때 다른 사람들의 이익 및 안녕과 조화를 이루어야 할 책임이 있다. 살상과 만행은 그것이 어떤 형태를 취하고 있든 비난하고 막을 책임이 있다. 지구상에 거주하는 모든 아이와 여성 및 남성의 삶과 발전의 권리, 그리고 동등한 지위와 존엄성을 지닐 권리를 존중할 책임이 있다.

시민으로서, 우리는 우리 지도자들에게 칼을 녹여 쟁기를 만들고, 협력 정신에 입각해 다른 나라들과 평화로운 관계를 맺으라고 요구할 책임이 있다. 인간 가족 내의 모든 공동체가 품고 있는 정당한 열망을 인정하라고 요구할 책임이 있다. 또한 근시안적이고 이기적인 목적을 위해 사람을 조정하고 환경을 조작하는 데 주권을 남용하지 말라고 요구할 책임이 있다.

기업과 경제의 협력자로서, 우리는 상업활동의 목표가 오로지 이윤과 성장에만 집중되지 않고, 인간의 수요와 욕구에 부응하면서도 인간이 해를 끼치지도 자연을 훼손하지도 않는 제품을 생산하는 방법을 모색하도록 할 책임이 있다. 그리고 상업활동의 목표가 파괴적인 목적과 파렴치한 계획에 이바지하지 않도록 할 책임이 있다. 또 세계 시장에서 공정하게 경쟁하는 모든 기업과 기업인의 권리가 존중받도록 만들 책임이 있다.

인류 공동체의 일원으로서, 우리는 비폭력과 연대의 문화, 경제적·정치적·사회적 평등의 문화를 채택할 책임이 있다. 서로 같든 다르든 간에 사람들과 국가들이 상호 이해하도록 촉진할 책임이 있다. 또한, 모든 곳의 모든 사람이 자신들이 직면하고 있는 문제들에 대응할 권한을 부여받아야 하며 이런 전례 없는 과업에 필요한 물질적·영적 자원을 제공받아야 한다고 요구할 책임이 있다.

- 에르빈 라즐로, 변경옥 엮음, 『보통사람들을 위한 21세기 지구생활 지침서』, 유토피아, 202~203쪽.

'부다페스트 클럽'이 요청하는 바에 귀를 기울여 보고, 여러분들도 자기 자신, 혹은 주변의 여러 사람들에게 호소하고 싶은 바를 정리해 보는 건 어떨까요? 아마도 나만의 정의 분석표와 판단 기준을 세우는 데 많은 도움이 될 것입니다.

여러분이 정의로운 시민으로 성장하는 길에 도움을 주기 위하여 오랫동안 고민하고 노력한 많은 교사들이 있었기에 이 책이 탄생할 수 있었습니다. 『정의, 얼마나 공정한가의 문제』는 미국 시민교육센터의 프로그램인 민주주의 기초(Foundation of Democracy) 시리즈 중에서 '정의(Justice)' 프로그램을 우리나라 학생들이 쉽게 이해할 수 있도록 재구성하여 집필한 것입니다. 여러분들이 정의와 관련된 민주주의의 가치를 자연스럽게 받아들이고, 일상생활에서 실천할 수 있기를 바랍니다.

2009년 12월

양설, 김원태, 이미림

CONTENTS

PART I
정의와 분배적 정의

PART II
절차적 정의

PART III
교정적 정의

PART I

정의와 분배적 정의

노동자의 권리와
사회정의를 위해 목숨을
바친 전태일의 모습.

일상생활 중 공정하지 않거나 부당한 대우를 받았다고 느낀 적이 있나요? 신문이나 뉴스를 통해 정치·경제 문제를 접하거나 인터넷 게시판에서 일어나는 논쟁을 보면서, 어느 쪽이 옳고 그른지 판단해 본 적이 있나요? 우리는 매일 무엇이 정의롭고, 무엇이 부당한지를 생각합니다. 사람들은 모두 '차별 대우를 받았다'고 느끼면 매우 불쾌해합니다. 하지만 구체적으로 무엇이 부당한지 항의하려고 하면 말문이 막히거나 차별인지 아닌지 판단을 내리지 못해 우왕좌왕하기 쉽습니다. 정의란 무엇인지 알아봅시다. Part I에서는 정의의 개념과 분배적 정의에 대해 공부합니다. 분배적 정의란 무엇인지 상세히 알아보고, 사회에서 이익이나 부담을 어떻게 공정하게 분배하는지 살펴봅시다. 정의로운 것과 그렇지 않은 것의 차이를 알면, 상황에 따라 적절히 판단·선택하고 행동할 수 있습니다.

01. 정의란 무엇인가?

정의란 무엇인지 배워 봅시다. 정의에 대한 문제는 3가지 종류로 분류할 수 있습니다. 문제에 따라 해결 방법이 다르다는 것을 염두에 두세요.

3가지 정의의 문제

정의란 공정함을 말합니다. 불공정함은 여러 가지 경우에 발생할 수 있습니다. 어떤 사람은 학급에서 늘 뒷자리에 앉는 것이 불만일 수 있습니다. 또 어떤 사람은 회의 시간에 발표할 기회를 얻지 못하거나 선생님이 자기한테만 과도한 벌을 내렸다고 여겨 불공정하다고 생각할 수 있습니다.

정의와 관련된 여러 문제들은 분배적 정의, 절차적 정의, 교정적 정의로 나눠 볼 수 있습니다. 차례로 살펴봅시다.

① 분배적 정의 : 분배적 정의의 문제는 사람들 간에, 혹은 집단 간에 '어떤 것'을 나누어 가질 때의 공정성과 관련이 있습니다. '어떤 것'은 이익이 되는

것일 수도 있고, 부담이 되는 것일 수도 있습니다. 투표권, 연설할 권리, 상을 받거나 급여를 받는 것은 '이익' 에 속하고, 숙제나 세금, 형벌 등은 '부담' 에 속합니다.

② **교정적 정의** : 교정적 정의의 문제는 어떤 사람이나 집단에 끼친 위반 혹은 침해에 대한 대응책의 공정성과 관련이 있습니다. 여기서 대응책이란 위반 혹은 침해를 일으킨 사람을 어떻게 처벌할 것인지, 어떻게 원래의 상태대로 되돌릴 것인지, 어느 정도 보상해야 하는지 등을 말합니다.

③ **절차적 정의** : 절차적 정의의 문제는 정보 수집 방법 및 의사 결정 방법의 공정성과 관련이 있습니다. 예를 들어 범죄 수사는 세심하고 공정하게 진행함으로써 용의자와 범죄 간의 연관성이 사실 그대로 드러나도록 해야 합니다. 만약 용의자에게 심리적 압박이나 고문 등이 가해진다면 그의 자백이나 증언은 공정한 절차에 의해 수집된 정보가 아니기 때문에 사실과 다를 수 있습니다. 공정한 절차를 통해 수집한 정보에 의해서만이 공정한 판단과 결정을 내릴 수 있으므로 절차적 정의는 매우 중요합니다.

정의의 문제를 3가지로 나눠 생각하는 이유

정의의 문제를 3가지 범주로 나누어 보는 이유는 그 안에서 세부적으로 고려해야 할 사항이 다르기 때문입니다. 어떤 문제가 분배적 정의의 관점에서 공정한지 아닌지를 결정하기 위하여 생각해 봐야 할 것들은 교정적 정의의 관점에서 생각해야 할 것들과 다릅니다. 자동차 엔진을 수리하거나 그림을 그리고, 옷을 수선할 때 사용해야 할 도구들이 저마다 다르듯, 정의의 문제를 해결하기 위해서는 문제에 따라 각각 다른 도구를 사용해야 합니다.

3가지나
되다니...

다음 정의에 관한 문제를 읽고 물음에 답해 보세요.

◎ 미선이는 아르바이트를 하고 급여를 35만 원 받았습니다. 그러나 자신과 같은 시간 동안 일한 현수의 급여가 40만 원인 것을 알고 화가 났습니다.

◎ 몇몇 학생들이 주말 동안 학교에서 공놀이를 했습니다. 월요일에 건물 현관이 크게 부서져 있자 공놀이를 한 학생들은 유력한 '용의자'로 의심을 사 모두 교장 실로 불려갔습니다. 그 중 두 학생은 자신들이 그곳에 없었으며 친구들과 집에 있었다고 말했습니다. 교장 선생님은 두 사람의 말이 맞는지 확인하기 위해 친구들을 데려오도록 하고, 각각 부모님에게도 전화를 하였습니다.

◎ 한 남자는 그의 차를 들이받은 운전자에게 자동차 수리비로 300만 원, 병원비로 300만 원, 사고로 인한 불편에 대한 보상으로 200만 원을 보상하라는 내용의 손해배상 소송을 제기했습니다.

◎ 결혼은 할 수 있지만 아이를 낳으면 바로 전역해야 하는 군대의 규정 때문에, 조종사 시험에 합격한 대부분의 여군들이 정조종사가 되지 못하고 전역했습니다.

◎ ○○고등학교에서는 교과서 채택을 위해 교과 담당 교사들이 1차 평가를 하고, 그 내용을 학부모와 학생들에게 공개하는 공청회를 개최합니다.

◎ 빅토르 위고의 소설 『레미제라블』의 주인공 장발장은 그의 누이와 굶고 있는 조카들을 먹이기 위해 빵 한 조각을 훔쳤다가 오랫동안 감옥에 갇혔습니다.

● **전역(轉役)**: 군대에서 본래 복무하던 일을 그만두고 다른 일을 맡는 것.

● **공청회**: 사회적 관심의 대상이 되는 중요한 안건을 심의하기 전에, 학자나 이해관계자를 참석하게 하여 의견을 듣는 공개 회의.

?

1. 각각의 상황은 공정한가요, 불공정한가요? 왜 그렇게 생각하는지 이유를 말해 보세요.

2. 각각의 상황은 어떤 정의의 문제에 해당하나요? 왜 그렇게 생각하는지 설명하세요.

인권변호사 조영래는 1984년 9월의 대홍수로 서울 망원동 5,000여 가구가 침수당한 이른바 '망원동 수재 사건'에 무보수로 참여했다. 그리고 3년에 걸친 법정 공방 끝에 '천재(天災)'가 아닌 '인재(人災)'라는 판결을 받아냈다. 그는 약자와 소수자의 권익을 지키는 데 힘을 쏟았다.(중략)

고(故) 조영래 변호사의 생전 모습.

조영래의 진면목이 세간에 널리 알려진 것은 '부천서 성고문 사건' 때였다. '혁명을 위해 성적 수치심까지 도구화한다'는 정권과 관제 언론의 융단 폭격 앞에서 조 변호사는 사건의 진실을 알리는 데 앞장섰다.

국가란 그 구성원인 국민의 인간적 존엄과 가치를 보장하고 실현할 때에만 존재 이유를 찾을 수 있다는 것이 그의 소신이었다. 이 소신은 조 변호사를 공권력의 부도덕성에 맞서 맹공 질주하게 만들었다. 조영래 변호사는 경찰과 검찰, 사법부, 관제 언론이 한 순결한 여성에게 가한 온갖 비열한 박해의 부당성을 집요하게 물고 늘어졌다.

출처: 『우리 강물이 되어 70~80 실록 민주화운동』

● 관제 언론 : 정부가 경영하거나 통제하는 언론.

?

1. 조영래 변호사가 이루고자 했던 우리 사회의 정의에는 어떠한 것들이 있었나요?

2. 조영래 변호사가 정의를 달성하기 위해 사용한 절차에는 어떠한 것들이 있었나요?

3. 위 글 속에 등장하는 사건들에 대해 자세히 조사한 후 발표해 봅시다.

미디어법 날치기 과정에서 이뤄진 재투표·대리투표 논란이 뜨겁다. 방송법 투표 과정에서 이윤성 국회부의장이 '투표 종료'를 선언했다가 의결정족수 미달을 확인한 뒤 다시 투표를 진행해 가결을 선포했고, 투표에 참석하지 않은 의원들이 전광판에는 재석으로 표시된 사실이 확인됐기 때문이다.

우선, 재투표를 둘러싼 여당과 야당의 해석과 주장이 팽팽하게 대립하고 있다. 야당 쪽은 "사실상 부결된 것이므로 일사부재의 원칙을 위반한 것"이라고 주장한다. "법리상 투표 종결 선언을 하면 거기서 끝나는 것이다"라는 김승환 한국헌법학회장(전북대 교수)의 지적도 이와 궤를 같이한다. 하지만 한나라당은 "(부결이 아닌) 투표 불성립이므로 아무런 문제가 없다"고 주장한다. 의결정족수가 채워지지 않았으므로 가결 또는 부결이 완료되지 않은 상태였다는 것이다. 이런 경우 일사부재의 원칙 위배가 아니고 재투표도 문제가 없다.

이 같은 여야의 대립은 "투표를 종료합니다"라는 이윤성 부의장 발언에 대한 해석 차이에 뿌리를 두고 있다. 이 부의장은 투표가 마무리될 즈음 투표 종료 선언을 했으나 투표 참여자가 의결정족수 148명에서 3명 모자란 사실을 뒤늦게 파악하고 "재석의원이 부족해 표결이 불성립됐으니 다시 투표해 주시기 바랍니다"라며 재투표를 선언했다. 이를 두고 한나라당은 '법적 효력이 없는 발언'으로 해석하고, 민주당은 '가결이건 부결이건 투표 결과를 포함하는 선언'으로 이해하고 있는 셈이다.

2009년 7월 22일 미디어법 통과 당시 아수라장이 된 국회 모습.

유례가 없는 사안인 만큼 해석의 여지는 많지만, '투표 불성립' 주장에 대해서는 또 다른 법적 허점이 지적된다. 1차 투표 결과 145명밖에 투표하지 않은 사실을 알고 이 부의장이 새롭게 투표를 시작하도록 했는데, 이 과정에서 법적 절차를 준수하지 않았다는 것이다. 김갑배 변호사는 "여당 주장을 십분 수용해 투표 불성립을 받아들인다고 해도, 표결이 불성립한 만큼 다시 안건을 상정하고 투표를 진행해야 했다"라고 말했다. 종료 발언이 실수였다고 번복한 뒤 추가로 투표를 했다면 모를까, 재투표를 한 이상 법안 상정 절차부터 다시 밟았어야 한다는 것이다.

대리투표 논란은 더 큰 법적·윤리적 문제점을 안고 있다. 헌법상 독립기관인 국회의원의 대리투표는 그 자체로 어불성설이기 때문이다. 민주당은 "의장석을 떠나지 않은 한나라당 의원들이 표결에 참여한 것으로 나온다. 다른 의원이 대신 표결 버튼을 눌러 준 사례를 확인했다"고 주장하고 있다. 실제 나경원 한나라당 의원은 본회의장에 없었는데 신문법 표결 당시 재석으로 나왔고, 박상은 의원도 강봉균 민주당 의원 자리에서 찬성 버튼을 눌렀다가 항의를 받고 취소 버튼을 누른 사실을 인정했다.

이에 대해 장광근 한나라당 사무총장은 "한나라당 의원들이 의장석을 지키기 위해 자리를 비운 틈을 타 야당 의원들이 한나라당 의석을 차지하고 반대표를 눌렀다"고 반박하고 나섰다. 그런데 이 발언은 그 자체로 미디어법 통과 과정에 심각한 절차적 흠결이 있었음을 자인하는 것이기도 하다.

출처: 「여당 논리 수용해도 여전히 법적 허점」, 『한겨레 21』(제771호) 2009.07.31.

1. 이 사건은 정의의 3가지 문제 중 무엇과 관련이 깊은가요?

2. 신문 기사에 등장하는 다음 용어의 뜻을 적어 봅시다.

의결정족수

가결

부결

재석

일사부재의 원칙

법안 상정

의장과 부의장의 역할

3. 우리나라의 법률안 통과 과정을 골라 순서대로 적어 봅시다.

본회의	대통령 승인	상임위원회

소위원회(정책조정절차 및 법률안 수정) ➡ ＿＿＿＿＿＿ ➡ ＿＿＿＿＿＿

➡ ＿＿＿＿＿＿ ➡ 법적 효력 발휘

4. 법률안이 본회의를 통과하려면 어떤 절차를 거쳐야 하나요?

5. 미디어법 통과 과정에서 논란이 되는 점 2가지는 무엇인가요? 그로 인해 법안 통과가 무효라는 주장과 절차에 문제가 없다는 주장에 대해 각각 정리해 보세요.

	논란이 되는 점	무효인 이유	절차에 문제가 없는 이유
①			
②			

6. 위 기사에서 등장하는 '날치기'란 무엇인가요?

7. '날치기'는 불법인가요, 합법인가요?

8. '날치기'가 문제가 되는 이유는 무엇인가요?

02.
분배적 정의란 무엇인가?

이 장에서는 분배적 정의와 관련된 문제를 다루는 데 유용한 일련의 분석 표에 대해 배웁니다. 분석표를 이용해 일상에서 일어나는 분배적 정의의 문제를 해결해 보세요.

분배적 정의와 관련된 생활의 문제들

분배적 정의는 사회 구성원들 사이에서 발생하는 이익이나 부담을 어떻게 분배하는 것이 공평한지의 문제를 다룹니다. 분배의 대상 중 '이익' 이라 할 수 있는 것에는 칭찬이나 상, 급여, 투표권 등이 있습니다. 대체로 분배받기를 원치 않는 '부담' 역시 잘 나누어 갖는 것이 필요한데 세금, 벌금, 형벌 등이 대표적입니다.

어떤 상황에서는 구성원들 사이에서 발생하는 이익이나 부담을 공평하게 배분하는 것이 쉬울 수도 있습니다. 예를 들어 학급 회의에서 모든 학생들에게 토론에 참여할 수 있는 기회가 '동등' 하게 보장된다면, 우리는 이 상황을 '공평하다' 고 평가할 것입니다. 그러나 '소득에 따라 세금 비율이 어떻게 달

핵심 용어 알아두기

- 유사성의 원칙: 같은 것은 같게, 다른 것은 다르게 다루어야 한다는 정의의 원칙.

- 공적: 노력과 수고를 들여 이루어 낸 일의 결과. 상(벌)을 받을 만한 가치.

- 공과: 공로와 과실을 모두 이르는 말.

라져야 공평한가'의 문제에 대한 합의를 도출하기란 매우 어려울 것입니다. 일상의 수많은 상황에서 무엇이 공평한 결정인가를 판단하는 일은 쉽지 않습니다. 분배적 정의에는 부합하지만 다른 가치를 고려하였을 때 공평한 해결책이 아닌 경우도 있습니다.

분배적 정의의 문제는 어떻게 해결할 수 있을까?

분배적 정의는 교정적 정의나 절차적 정의와는 다릅니다. 분배적 정의와 관련된 문제를 검토하고 결정하기 위해 필요한 분석의 도구는 무엇이 있는지 알아봅시다.

우선 유사성의 원칙이 있습니다. 유사성의 원칙이란 '같은 것은 같게, 다른 것은 다르게' 다루는 것입니다. 예를 들어 어떤 섬에 10명의 사람이 표류하였고, 이들 중 3명이 환자라고 가정합시다. 치료약이 한정되어 있고 환자들이 비슷한 정도로 아프다면, 그들이 약을 필요로 하는 정도가 유사하기 때문에 3명에게 같은 양의 약을 나눠 주는 것이 공평할 것입니다. 또한, 나머지 7명은 약을 필요로 하지 않으므로 약을 주지 않는다고 해서 불공평하다고 할 수는 없을 것입니다.

유사성의 원칙을 적용할 때, 고려할 점

위의 사례에서 우리는 '약이 필요한가, 그렇지 않은가'라는 측면에서 사람들 간의 공통점과 차이점을 찾았습니다. 사람들 간의 차이는 필요의 측면뿐만 아니라 능력이나 공과(상응)의 측면에서 나타나기도 합니다. 따라서 유사성의 원칙을 적용할 때는 필요, 능력, 공과(상응)의 3가지 요소를 고려할 필요가 있습니다.

① **필요**: 사회 구성원들 사이에서 분배의 문제가 발생했을 때는 필요의 다양한 측면을 상세히 들여다봐야 합니다. '필요'에는 배고픔 해결과 같은 생리적 측면, 불안감 해소와 같은 심리적 측면, 생활에 필요한 돈과 물질 같은 경제적 측면 등이 있습니다.

② **능력**: 사회 구성원들에게 분배의 문제가 발생했을 때, 그들의 능력은 얼마나 고

려되어야 할까요? 여기서 능력이란 신체적 능력, 심리적 능력, 지적 능력, 경제적 능력, 정신적 능력 등을 말합니다.

③ **공과(상응)**: 사람들의 행동이나 지위 등을 기준으로 어떤 것들이 배분된다면, 그들의 공과는 얼마나 고려되어야 할까요? 같은 지위나 신분을 지닌 사람들을 유사하게 대우하는 것은 정당한가요? 그리고 지위나 신분에 차이가 있다면, 그들을 다르게 대우하는 것이 정당한가요?

이밖에 분배적 정의를 판단하는 기준에는 평등, 생산성 및 효율성, 공공성 등등 다양한 관점이 있습니다. 때문에 무엇이 분배적 정의인가를 결정하는 일은 쉽지 않습니다. 어떤 경우에는 필요, 능력, 공과 중에서 어느 한 가지 기준만을 적용하여 판단하는 것이 정의에 가까울 수 있지만, 어떤 경우에는 두세 가지 기준을 동시에 고려해야 할 수도 있습니다.

생각 넓히기 ① 식량을 어떻게 나눠야 공평할까요?

수해 지역에 구호품이 도착했습니다. 50인분의 식량을 공정하게 나누려고 합니다. A, B, C가 각각 의견을 제시했습니다.

A: 3일 동안 굶주린 사람, 2일 동안 굶주린 사람, 하루 동안 굶주린 사람으로 나누어 30인분, 20인분, 10인분을 주자.

B: 힘 센 사람부터 주자. 무거운 역기를 더 잘 들어 올리는 순서대로 배분하자.

C: 마을의 안전 책임자 및 지도자, 복구 작업에 힘쓴 장정들에게 더 많은 식량을 주도록 하자.

1. A, B, C의 제안은 각각 무엇을 기준으로 한 것인가요?

2. 세 사람 중에서 가장 공정한 대안을 제시한 사람은 누구라고 생각하나요? 이유를 말해 보세요.

3. 가장 공정하지 않은 대안과 그렇게 생각하는 이유는 무엇인가요?

4. 위의 대안을 적절히 보완하거나 새로운 생각을 더하여 제3의 대안을 제시해 보세요.

생각 넓히기 ② 개인과 사회, 국가가 직면한 분배적 정의

다음 질문을 살펴보고 분배적 정의와 관련된 문제들에 대해 좀 더 생각해 봅시다.

◎ 모든 사람들이 같은 액수의 세금을 내야 하나요? 아니면, 정부가 재산이 많은 특정한 사람에게 다른 사람보다 더 많은 세금을 내라고 요구할 수 있나요? 만약 그렇다면, 얼마나 더 내는 것이 옳은가요? 부자들이 세금을 더 내는 것이 옳은 이유는 무엇인가요?

◎ 정부가 공적 지출을 통해 모든 사람들의 교육 기회를 동등하게 보장하는 것이 옳은가요? 아니면 능력이 뛰어난 일부의 사람들에게 더 많은 지원과 기회를 보장하는 것이 옳은가요?

◎ 최저임금제에 따라 한 달 월급을 산출해 봅시다. 인간다운 생활을 유지하기 위한 최저임금 수준은 얼마라고 생각하나요? 실제 임금과 자신이 희망하는 임금 수준과의 차이는 얼마인가요? (2009년 현재 시급 4000원, 주당 40시간 근로 기준)

◎ 선진국은 개발도상국을 도와주어야 하나요?

시각장애인에게만 안마사 자격을 허용하는 것은 기본권에 보장된 직업 선택의 자유를 침해하는 것이라는 헌법재판소의 판결이 나왔다. 이에 시각장애인들은 "시각장애인들에 대한 사형선고"라며 강력히 반발하고 나섰다.

헌법재판소 전원재판부(주심 송인준 재판관)는 25일 시각장애인만 안마사 자격을 얻을 수 있도록 한 안마사에 관한 규칙 조항을 재판관 7대 1 의견으로 위헌이라고 결정했다. 재판부는 결정문에서 "이 조항은 일반인이 안마사 직업을 선택할 수 있는 자유를 원천적으로 제한하는 것"이라며 "일반 국민의 직업 선택의 자유를 지나치게 침해하고 있어, 기본권 침해의 최소성 원칙에 어긋난다"고 밝혔다. 재판부는 "시각장애인의 생계 보장 등 공익에 비해 비시각장애인들이 받게 되는 기본권 침해가 지나치게 커서 법익의 균형성을 상실했다"고 덧붙였다.

그러나 김효종 재판관은 "이 규칙은 일반인에 비해 취업상 극히 불리한 처지에 놓이게 되는 시각장애인을 보호하고 그들의 생계를 보장하기 위한 것으로, 입법 목적의 정당성이 인정된다"며 유일하게 합헌 의견을 냈다.

보건복지부 자료를 보면 현재 전국에는 1,073개의 안마시술소와 안마원이 있으며, 여기에서

헌법재판소 위헌 판결에 반대하는 어느 시각장애인의 1인 시위.

일하는 안마사 회원은 5,500여 명에 이른다. 강용봉 대한안마사협회 사무총장은 "안마사 제도는 국가와 사회에서 부담해야 할 시각장애인의 고용 문제를 해결하기 위한 시각장애인 복지제도이자 고용제도인데, 결국 붕괴되고 말았다"며 "안마사 제도가 없으면 다른 직업을 갖기 힘든 시각장애인은 결국 사회에서 도태돼 삶을 유지하기조차 어렵게 될지 모른다"고 말했다.(후략)

출처:「"시각장애인만 안마사 자격 허용은 위헌"」,『한겨레』2006. 05. 26.

1. 어떤 이익을 분배하는 과정에서 발생하는 문제인가요?

2. 헌법재판소의 판결은 이익을 어떤 기준에 따라 분배한 것인가요? 안마사들은 어떤 기준에 따라 분배해야 한다고 주장하고 있나요?

3. 여러분이 생각하는 공정한 분배의 기준은 무엇인가요?

4. 다음 분석표에 따라 위의 문제를 분석해 보세요.

분배적 정의의 문제를 해결하기 위한 분석표

질문		대답
① 무엇을 분배하는 문제인가요?		
② 이 분배 문제와 관련 있는 사람은 누구인가요?		
③ 다음 3가지 기준에서 사람들 간에 유사성과 차이점이 있는지 살펴봅시다.	필요	
	능력	
	공과	
④ 위의 3가지 기준 중에서 이 문제를 해결하기 위해 우선적으로 고려해야 할 것은 무엇인가요? 이유를 말해 보세요.		
⑤ 이 문제의 해결을 위해 고려해야 할 다른 기준이 더 있나요? 이유는 무엇인가요?		
⑥ 이 분배적 정의 문제에 대한 자신의 생각과 입장을 말해 보세요.		

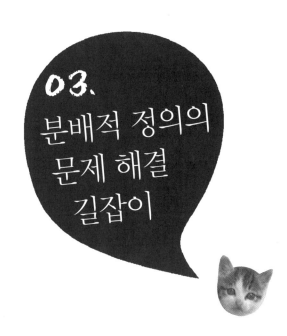

03. 분배적 정의의 문제 해결 길잡이

분석표를 이용해 분배적 정의의 문제를 분석·해결하고, 여러분의 견해를 제시해 보세요.

분배적 정의 문제를 해결할 때, 고려해야 할 5가지

이미 배운 바와 같이 분배적 정의의 문제를 잘 해결하기 위해서는 다음 5가지를 고려해야 합니다.

① 무엇을 분배하는 문제인가?

② 이 분배 문제와 관련 있는 사람은 누구인가?

③ 필요, 능력, 공과(상응)의 기준에서 사람들 간의 유사성과 차이점은 무엇인가?

④ 필요, 능력, 공과(상응) 중에서 이 문제를 해결하기 위해 가장 많이 고려해야 할 점은 무엇이며, 그 이유는 무엇인가?

⑤ 이 문제를 해결하기 위해 고려해야 할 다른 기준이 있다면, 그것은 무엇인가?

앞 쪽의 "분배적 정의 문제를 해결할 때 고려해야 할 5가지"를 참고해 다음 문제를 풀어 봅시다. 빈칸에 아래 4가지 낱말을 넣었을 때 가장 정의로운 해결책은 무엇입니까?

_____ 학생을 선발하기 위해 고려해야 하는 기준은 무엇인가요?

- 학교 축구팀
- 영어보충수업반
- 최고 난이도 수학문제 풀이반
- 학생회

1. 500명이 입학을 희망하는 어느 대학의 학과 정원이 100명일 때, 어떤 이에게 입학자격을 주어야 합니까?

[조건] 수능 및 내신 성적, 출신지역, 부모의 소득수준 및 계층 면에서 500명이 각기 다름

2. 다음과 같은 조건을 가진 사람들이 있으며 올해의 복지 지원금으로 3억이 배정되었습니다. 이를 어떻게 분배해야 좋을지 분석표를 이용해 해결해 봅시다.

[조건 1]

- 자녀에게 과외를 시킬 만큼 돈을 충분히 벌지 못해 걱정인 김씨.

- 너무 나이가 많고 아파서 일을 할 수 없는 박씨.

- 한 번도 법을 위반한 적이 없으며 성실히 세금을 납부해 온 정씨.

- 남편 없이 혼자 살지만 2살 된 딸을 돌봐야 하기 때문에 일을 할 수 없는 양씨.

- 하루 종일 폐지 수집 등을 하지만 먹고살기에 충분치 않은 소득 수준의 이씨.

- 교통사고로 두 다리를 잃었지만 치료를 받은 후 직장에 복귀할 예정인 최씨.

[조건 2] 복지 지원금 1억 원으로 할 수 있는 것

• 5년 동안 모든 의료 혜택을 받을 수 있음.

• 5년 동안 영아 및 유아를 돌봐 줄 보육사를 고용할 수 있음.

• 10년 동안 저소득층의 생활비 지원.

• 저상버스 및 지하철 엘리베이터 설치 등 장애인의 이동을 돕는 시설 설치비.

분배적 정의의 문제를 해결하기 위한 분석표

① 무엇을 분배하는 문제인가요?		
② 이 분배 문제와 관련 있는 사람은 누구인가요?		
③ 다음 3가지 기준에서 사람들 간에 유사성과 차이점이 있는지 살펴봅시다.	필요	
	능력	
	공과 (상응)	
④ 위의 3가지 기준 중에서 문제 해결을 위해 우선적으로 고려해야 할 점은 무엇인가요? 이유를 말해 보세요.		
⑤ 이 문제의 해결을 위해 고려해야 할 다른 기준이 더 있나요? 이유는 무엇인가요?		
⑥ 이 분배적 정의 문제를 해결하는 자기만의 생각과 입장을 말해 보세요.		

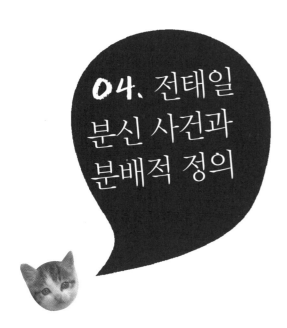

04. 전태일 분신 사건과 분배적 정의

우리 사회에서 발생하는 다양한 분배적 정의의 문제를 살펴보고 각자 자신의 견해를 말해 보세요.

생각 넓히기 ① 청년 노동자, 전태일의 인간 선언

1970년 11월 13일 오후 1시 30분. 청계천 평화시장 주변에는 삼엄한 분위기가 감돌고 있었다. 500여 명의 노동자들이 시장 앞길 국민은행 근처 여기저기에 모여 웅성거리고 있었고, 시장으로 통하는 골목 곳곳에는 경찰과 경비원들이 진을 치고 있었다. 노동자들이 경찰의 몽둥이에 이리저리 어수선하게 밀리고 있던 순간, 누군가가 국민은행 앞길로 뛰쳐나왔다. 화염에 휩싸인 몸. 스스로를 사르는 불길 속에서 그는 외쳤다.

"근로기준법을 준수하라!"

"우리는 기계가 아니다!"

22살의 평화시장 재단사, 전태일이었다. 전태일은 근로감독관, 노동청, 정치가, 지식인, 신문, 방송, 그 어느 누구도 애타는 그의 호소에 귀 기울여 주지 않기 때문에, 스스로 몸을 불사르며 세상에 외쳤다.

훗날 전태일의 삶은 『어느 청년 노동자의 삶과 죽음』(1983년)이라는 제목으로 출간되었다. 그러다가 『전태일 평전』(1990년)으로 개정 발간되었는데, 조영래 변호사는 전태일의 죽음을 '인간 선언'으로 묘사했다.

"가난과 질병과 무교육의 굴레 속에 묶인 버림받은 목숨들에게도, 저임금으로 혹사당하고 있는 노동자들에게도, 먼지구덩이 속에서 햇빛 한번 못 보고 하루 16시간씩 노동해야 하는 어린 여공들에게도, 인간으로서 최소한의 요구가 있다는 것을 밝히는" 선언이라고 말했다. 전태일의 '인간 선언'은 1970년대 한국 사회에 던지는 뼈아픈 질문이기도 했다. 장시간 저임금 노동에 시달리는 노동자들의 희생 위에서 이뤄진 '수출 10억 달러 달성'이라는 고속성장이 대체 누구를 위한 것인지를 일깨운 것이다.

연건평 7,400여 평에 이르는 평화시장 건물은 수백 개의 점포와 작업장으로 나뉘어 있었다. 모두 소규모 영세 피복 제조업체와 의류점이었다. 이후 1968년에 통일상가, 1969년에 동화시장이 평화시장 좌우에 들어섬으로써 이들 3개 시장은 1970년대에 전국 기성복 수요의 70%를 담당하는 국내 최대의 기성복 공급 시장을 형성했다.

전태일의 분신을 알리는 『동아일보』 기사(1970. 11. 14.)와 수출 10억 달러를 알리는 1970년 수출실적탑.

이들 3개 시장과 근접 상권에는 총 800여 개의 피복 제조업체에서 3만 명에 가까운 노동자들이 일하고 있었다. 노동자들은 재단사와 재단보조, 미싱사와 미싱보조, 시다 등으로 구성되어 있었고 약 80%~90%가 10대 후

1970년 당시 다락방에서 작업하는 평화시장 영세 피복업체 직원들.

반에서 20대 초반의 여공들이었다. 특히 잔심부름을 하며 일을 익히는 '시다'는 대부분 12세~15세의 어린 소녀들이었다.

이들의 노동조건과 임금 수준은 믿기 어려울 만큼 열악했다. 하루 평균 노동시간은 14시간~15시간, 일요일도 한 달에 두 번밖에는 쉬지 않았고, 명절 대목에는 2일~3일 철야작업도 예사였다. 그렇게 일해도 시다는 월 1,800원~3,000원, 미싱보조는 3,000원~15,000원, 미싱사는 7,000원~25,000원을 받았다. 가장 임금이 높은 재단사도 1,5000원~30,000원 수준이었다.

작업 환경도 비참했다. 평균 2평 정도의 작업장에서 보통 10명 가까운 노동자들이 일을 했다. 심지어 업주들은 이 비좁은 공간마저 위아래로 갈라 다락방 작업장을 만들기도 했다. 각종 설비와 비품, 작업도구와 재료까지 빼곡히 들어차 있는 좁은 공간에서 몸도 제대로 돌리지 못하고 일하다 보면 원단 더미에서 나오는 포르말린 냄새가 코를 찌르고 실밥과 먼지가 머리 위로 하얗게 내려앉았다.

평화시장의 경우 1만 명 이상을 수용하는 건물이면서도 환기시설이 하나도 없었으며, 대낮에도 거의 햇빛이 들지 않았다. 어두운 실내를 밝히느라 백열전등이 하루 종일, 그것도 작업자의 바로 눈앞에 켜져 있었다. 게다가 400여 개의 작업장이 있는 평화시장에 상수도는 3곳뿐이었고, 화장실은 2,000명당 3개꼴이었다.

출처: 『우리 강물이 되어 70~80 실록 민주화운동』

1. 1970년대 한국 사회의 모습은 어떠했나요? 위 글 속에서 찾아봅시다.

2. 전태일이 요구한 것은 무엇이었나요?

3. 전태일이 분신을 선택한 이유는 무엇이었나요?

4. 정의의 관점에서 볼 때, 1970년대 한국 사회는 어땠는지 말해 보세요.

LG그룹 통신계열사인 데이콤에서 10년 넘게 계약직으로 일해 온 장모(36)씨는 요즘 일할 맛을 잃었다. 1996년 입사 후 정규직과 똑같은 업무를 하면서도 임금은 정규직의 3분의 1 수준밖에 받지 못했는데, 올해는 아직까지 회사로부터 재계약 통보조차 받지 못해 언제 해고될지 모를 처지다.

같은 회사 총무과에서 일하는 이모(40)씨도 신분 불안 때문에 '속앓이'를 하고 있다. 1998년 계약직으로 입사한 뒤 매년 계약을 갱신했던 이씨는 올해 초 재계약을 맺었어야 했는데, 회사에선 지금까지 감감무소식이다. (중략) 그동안 직접 고용 비정규직들은 정규직과 똑같이 회사의 핵심 업무를 담당하면서도 계약 해지 등 불이익을 우려해 집단행동에 나서지 못했다. 장씨 등은 인권위에 낸 진정서에서 "노동 강도나 기술 측면에서 정규직과 별 차이가 없는데도 합리적인 이유 없이 비정규직을 차별하고 있다"고 주장했다. (후략)

출처: 「데이콤 계약직 316명 "차별시정"」, 『세계일보』 2006. 05. 25.

1. 비정규직으로 일하는 사람들의 어려움은 무엇인가요?

2. 위 글에서 알 수 있는 우리 사회의 문제는 무엇인가요?

3. 일자리를 공평하게 분배하기 위해서 어떤 기준을 적용해야 할지 생각해 보세요.

PART Ⅱ

절차적 정의

대법원 재판정 모습.
재판이 공정하게 이루어졌는지
살펴보려면 절차적 정의를
알아야 합니다.

Part Ⅱ는 절차적 정의에 대한 것입니다. 절차적 정의란 어떤 일의 절차나 결정 과정이 공정한가를 말합니다. 절차적 정의를 실현하려면 정보를 수집하는 과정의 공정성과 그 정보에 바탕하여 의사 결정을 내리는 과정의 공정성이 보장되어야 합니다. 뿐만 아니라 정보 수집 및 정보 사용 과정에서 사생활 보호, 인간의 존엄성, 자유, 분배적 정의 등과 같은 중요한 가치와 권리도 보호되어야 합니다. 대한민국 헌법은 통치기관이 권력을 행사하는 과정에서 지켜야 할 적법 절차의 원칙에 대해 명시하고 있습니다. 만약 인권을 침해하는 부당한 방법으로 정보를 수집하고 그에 근거해 재판을 진행한다면, 법은 인권을 보호하지 못하고 시민들은 법을 신뢰할 수 없게 될 것입니다. 지금부터 절차적 정의의 뜻과 중요성, 문제 해결을 위한 분석표를 이용해 절차적 정의와 관련된 문제를 해결하는 방법을 배워 봅시다.

05.
절차적 정의란 무엇인가?

절차적 정의의 뜻과 중요성에 대해 알아보고, 일상생활에서 절차적 정의와 관련된 문제를 찾아봅시다.

핵심 용어 알아두기

- **절차적 정의**: 분쟁 해결 과정에서 결과의 정당성뿐만 아니라 과정의 적법성과 정당성이 보장되는 것.

- **적법절차**: 체포·구속·압수·수색 등이 이루어질 때, 법률과 적법한 절차에 의해서 행해져야 함.

절차적 정의의 3가지 목표

절차적 정의는 어떤 일이 이루어지는 과정의 공정함과 관련이 깊습니다. 좀 더 자세히 말하면 '정보를 수집하는 방법의 공정성' 및 '결정이 이루어지는 과정이나 절차의 공정성'과 관련이 깊습니다. 그러나 결정된 내용 그 자체의 공정성과는 관련이 없습니다. 절차적 정의의 3가지 목표는 다음과 같습니다.

① 공정한 결정을 내리기 위해 정보를 수집할 기회를 최대한 확보하는 것.
② 결정을 내리기 위한 절차 속에서 수집한 정보를 공정하게 사용하는 것.
③ 사생활 보호, 인간의 존엄과 자유, 분배적 정의, 교정적 정의, 효율성의 증진과 같은 다른 중요한 가치 및 권리를 보호하는 것.

절차적 정의는 왜 중요할까?

'시민들이 절차적 정의를 얼마나 존중하는가'를 보면 그 사회가 얼마나 민주적인가를 알 수 있습니다. 그래서 학자들은 절차적 정의야말로 '자유의 핵심'이며 '법의 심장'이라고 말합니다. 세계정세를 관찰하는 이들도 마찬가지입니다. 한 나라의 절차적 정의의 수준은 자유, 인간의 존엄성, 기본적인 인권의 보장 정도를 보여 주는 척도라고 주장합니다. 따라서 절차적 정의가 잘 지켜지지 않는 사회는 권위주의적이거나 전체주의적이라고 판단할 수 있습니다.

사람들은 종종 절차적 정의가 다른 가치나 권리보다 덜 중요하다고 생각합니다. 이는 정보를 모으고 의사를 결정하는 방법이 결과 못지않게 중요하다는 사실을 간과하기 때문입니다. 어떤 사람들은 '국회, 행정부, 사법기관에서 어떤 절차를 거쳐 결정되었나' 하는 문제가 '결론이 무엇인가' 하는 문제보다 덜 중요하다고 말합니다. 또, 경찰의 증거 수집 과정이나 정당한 재판 절차보다 더 중요한 것은 죄인이 온당한 죗값을 받았는가 하는 처벌의 문제라고 말합니다.

그러나 절차적 정의는 결과만큼 중요합니다. 절차적 정의는 분배적 정의와 교정적 정의의 실현에 이바지하며, 동시에 분쟁 해결 과정에서 관계자들의 존엄성을 보장해 주기 때문입니다. 절차적 정의가 지켜져야만, 권력 행사 과정에서 무시될 수 있는 약자의 인권을 보호하고, 권력의 남용을 제어할 수 있습니다. 따라서 지방이나 중앙의 정부기관, 가정, 학교, 공동체, 사업 및 산업 분야에서는 정보를 모으고 의사를 결정할 때, 절차적 정의가 이뤄질 수 있도록 해야 합니다.

1. 집이나 학교, 공동체(사회)에서 일어나는 문제 중에서 절차적 정의와 관련된 것은 무엇이 있나요?

2. 절차적 정의를 목표에 따라 충실히 구현하는 것이 사적인 영역에서 중요한 이유는 무엇인가요?

3. 민주주의, 권위주의, 전체주의 등의 정치체제는 절차적 정의를 충실히 이행하나요? 각 정치체제의 절차적 정의 준수 여부를 살펴볼 때, 차이점이 무엇인가요?

국가 기관의 책임과 공정한 절차의 중요성

대부분 사회는 일부 공직자들에게 '범죄에 대한 정보를 수집하고 혐의자를 체포할 수 있는 권위, 유죄 여부를 판단하거나 사람들 사이의 분쟁을 해결하기 위한 회의 소집 권위'가 필요함을 인정합니다. 우리나라도 행정부와 법원에서 일하는 사람들에게 이러한 권위를 부여하고 있습니다.

그러나 이런 지배력에는 반드시 적법한 사용 규칙과 방법이 수반되어야 합니다. 이런 규칙과 규정은 국민의 생명과 자유, 재산을 지키는 데 꼭 필요합니다. 정부가 시민들에게 공정하게 심의할 기회를 주지 않는다면, 정부 역시 행정력을 발휘할 수 없습니다. 행정부가 정보를 수집하고 사람들을 체포하는 과정에서 사생활 보호, 인간의 존엄성, 공정성, 자유와 같은 중요한 가치들을 존중할 때, 우리는 적법한 절차가 지켜졌다고 말합니다.

행정부와 사법부가 지켜야 하는 절차적 정의의 준거들은 국회, 시·군·구의회와 같은 입법기관과 대통령, 국무총리와 같은 집행 기관의 대표자에 의해 제정된 법률 및 법령에 잘 나타나 있습니다. 그중에서도 가장 중요한 절차적 정의의 준거는 '대한민국 헌법'에 있습니다. 이와 관련해 헌법 제12조의 내용을 살펴봅시다.

헌법 제12조

1항 : 모든 국민은 신체의 자유를 가진다. 누구든 법률에 의하지 아니하고는 체포·구속·압수·수색 또는 심문을 받지 아니하며, 법률과 적법한 절차에 의하지 아니하고는 처벌·보안처분 또는 강제노역을 받지 아니한다.

2항 : 모든 국민은 고문을 받지 아니하며, 형사상 자기에게 불리한 진술을 강요당하지 아니한다.

3항 : 체포·구속·압수 또는 수색을 할 때에는 적법한 절차에 따라 검사의 신청에 의하여 법관이 발부한 영장을 제시하여야 한다. 다만, 현행범인인 경우와 장기 3년 이상의 형에 해당하는 죄를 범하고 도피 또는 증거인멸의 염려가 있을 때에는 사후에 영장을 청구할 수 있다.

4항 : 누구든지 체포 또는 구속을 당한 때에는 즉시 변호인의 조력을 받을 권리를 가진다. 다만, 형사피고인이 스스로 변호인을 구할 수 없을 때에는 법률이 정하는 바에 의하여 국가가 변호인을 붙인다.

5항 : 누구든지 체포 또는 구속의 이유와 변호인의 조력을 받을 권리가 있음을 고지 받지 아니하고는 체포 또는 구속을 당하지 아니한다. 체포 또는 구속을 당한 자의 가족 등 법률이 정하는 자에게는 그 이유와 일시 · 장소가 지체 없이 통지되어야 한다.

6항 : 누구든지 체포 또는 구속을 당한 때에는 적부의 심사를 법원에 청구할 권리를 가진다.

7항 : 피고인의 자백이 고문 · 폭행 · 협박 · 구속의 부당한 장기화 또는 기망 기타의 방법에 의해 자의로 진술된 것이 아니라고 인정될 때, 정식 재판에서 피고인의 자백이 그에게 불리한 유일한 증거일 때는 이를 유죄의 증거로 삼거나 이를 이유로 처벌할 수 없다.

이처럼 헌법 제12조는 적법절차의 원리를 명시하고 있습니다. 다음의 헌법 제 27조는 공정하게 재판받을 권리에 대해 언급하고 있습니다.

헌법 제27조

1항 : 모든 국민은 헌법과 법률이 정한 법관에게 법률에 의한 재판을 받을 권리를 가진다.

2항 : 군인 또는 군무원이 아닌 국민은 대한민국의 영역 안에서 중대한 군사상 기밀 · 초병 · 초소 · 유독음식물공급 · 포로 · 군용물에 관한 죄 중 법률이 정한 경우와 비상계엄이 선포된 경우를 제외하고는 군사법원의 재판을 받지 아니한다.

3항 : 모든 국민은 신속한 재판을 받을 권리를 가진다. 형사피고인은 상당한 이유가 없는 한 지체 없이 공개 재판을 받을 권리를 가진다.

4항 : 형사피고인은 유죄 판결이 확정될 때까지 무죄로 추정된다.

이밖에도 국회에서 통과된 법률이 효력을 갖기 위해 거쳐야 하는 절차를 명시한 헌법 제53조와 예산안 편성 및 심의 · 확정이 공정하게 이루어지도록 절차를 정해 놓은 제54조 등 많은 헌법 조항들이 절차적 정의의 달성을 목적으로 제정되었습니다.

국가 기관을 감시해야 하는 이유

우리가 살고 있는 지역공동체 및 입법과 행정을 관할하는 국가의 통치기관을 관찰하는 것은 매우 중요합니다. 이들 행정 및 입법부는 정보를 모을 권위를 가지고 있으며, 우리의 생활에 큰 영향을 끼치는 결정을 내립니다. 정부가 세금을 걷을 때, 총액을 정하고 세금의 지출 내용을 결정하는 것이 대표적인 사례입니다.

모든 통치기관에 부여된 권위는 너무나 크고 그들이 내리는 결정 역시 중요하기 때문에, 정보를 모으고 결정을 내릴 때 공정한 절차를 밟아야 하는 것은 당연합니다. 공정한 절차는 현명하고 공정한 결론을 도출할 가능성을 높이기 위해 필요할 뿐만 아니라, 그 결정에 대한 시민들의 지지를 얻는 데도 매우 유효합니다.

1. 위에서 인용한 헌법 조항들은 법원이 범죄 · 과실 · 위법 혐의가 있는 사람에 대한 정보를 수집하거나 그에 관한 정보를 사용할 때 따라야 하는 절차와 그 준거입니다. 각각의 규정을 지키지 않았을 경우 발생할 수 있는 정의의 침해 사례에는 어떠한 것이 있을까요?

2. 지역과 중앙의 입법부나 행정부가 내린 결정 중에서 개인의 생명, 자유, 재산에 중요한 영향을 미치는 것에는 무엇이 있나요?

절차적 정의는 언제나 중요할까?

불공정한 절차 때문에 결백한 사람이 유죄 판결을 받는 일이 일어난다면 정의를 추구하는 사람들에게 악영향을 끼치게 됩니다. 그러나 고발된 사람이 있던 곳이 심각한 불법 행위 지역이라면 상황이 어떨까요? 이 경우에도 불공정한 절차가 문제가 될까요? 아니면 비록 절차에는 문제가 있지만, 한시라도 빨리 잘못된 행위를 제재하고 선량한 사람들을 보호하는 것이 더 중요한가요?

니콜로 마키아벨리(1469~1527)는 목표를 위해서라면 수단과 방법을 가릴 필요가 없다고 말했다.

수세기 전 니콜로 마키아벨리는 "목적은 수단을 정당화한다"고 주장했습니다. 행동은 비난받지만 결과는 용서받는다면서, "어떤 행동의 목표가 자유공화국의 창립과 같이 좋은 것이라면, 그 목표를 이루기 위해 사용하는 수단은 문제되지 않는다"고 말했습니다.

우리나라는 절차적 정의의 부재로 발생할 수 있는 압제를 경험한 바 있습니다. 일제는 우리의 독립운동가에게 악랄한 반역자, 범죄자라는 오명을 씌우고 현상금을 걸었습니다. 당시 일본 정부는 죄가 없는 무고한 시민들의 집을 불법 수색했고, 고문을 가해 억지로 죄를 인정하게 했습니다. 그리고 비밀 재판이나 편파적인 판결을 내려 감옥에 가두었습니다.

독립이 이루어진 후에도 우리나라에는 부정 선거나 쿠데타라는 정당하지 못한 절차를 통해 권력을 쥔 정부가 있었습니다. 이들 정부는 집권 시기 동안 권력의 정당성을 의심하는 많은 시민들의 항의와 비판을 받았고, 정부는 이런 시민들을 억압하기 위해 헌법에 명시되어 있는 국민의 권리와 민주주의의 가치를 지키지 않았습니다.

1. 마키아벨리의 철학을 중요시하는 사회에서 절차적 정의는 중요하게 여겨질까요? 자신의 생각과 그 이유를 말해 보세요.

2. 마키아벨리식 철학을 기반으로 한 사회의 장점과 단점은 무엇일까요?

3. 마키아벨리의 철학에 기반한 사회와 절차적 정의를 반드시 지키는 사회 중 범죄 발생 비율이 낮은 쪽은 어디일까요? 정치적으로 분열하기 쉬운 사회, 개인의 자유와 권리를 더 잘 보호할 수 있는 사회는 각각 어느 쪽일까요?

다음 상황이 정의로운지, 정의롭지 않은지 생각해 보고 이어지는 질문에 대답해 봅시다.

◎ 누군가 나를 경찰에 고소했습니다. 나는 억울함을 호소했지만, 경찰은 관심을 기울이지 않았습니다. 나는 재판도 없이 감옥에 갇혔습니다.

◎ 친구들과 함께 영화를 보러 가기로 했습니다. 그런데 친구들이 모두 모였을 때 어떤 영화를 볼 것인지 정하자고 약속해 놓고, 먼저 모인 친구들끼리 영화를 선택해 몹시 화가 났습니다. 흥미 있어 하는 영화도 아닌데다, 친구들이 내 의견을 들으려고 기다리지도 않았기 때문입니다.

◎ 시의회는 세금으로 거둬들인 돈을 어떻게 쓸 것인지 결정하기 위해 일정한 시기에 공청회를 엽니다. 예를 들어, 성남시의회의 공청회 공고문은 공청회 전에 충분한 시간을 두고 정식으로 발표되었기 때문에 관심을 갖고 있는 사람이나 단체는 누구나 참석할 수 있었습니다.

◎ 안보와 관련된 한 정부기관이 간첩으로 의심되는 사람을 5일 동안 고문했습니다. 그 사람은 결국 자신이 여러 차례 극비 정보를 다른 나라에 넘겨주었다고 자백했습니다.

1. 위 사례는 각각 정보를 모으거나 결정을 내리기 위해 어떠한 절차에 따랐나요?

2. 절차의 어떤 점이 공정했고, 어떤 점이 그렇지 못했나요?

대학원에서 기록관리학을 전공하는 이○○ (25)씨는 서울 광화문 부근의 한 찻집에서 커피를 마시고 있었다. 골목 구석의 찻집이었는데도 그 앞에는 경찰 20여 명이 줄지어 서 있었다. 경찰들은 새것으로 보이는 진압복에 헬멧을 쓰고, 허리에는 곤봉을 찼다. 왠지 모를 위압감이 들었다. 갑자기 궁금증이 생겼다. '경찰은 시민을 진압하는 장비를 사는 데 돈을 얼마나 쓰고 있을까? 다 시민들이 낸 세금인데…….' 얼핏 머릿속에 이런 생각이 스쳤지만 금방 잊어버렸다.

그리고 1년 뒤인 지난 7월 하순, 이씨는 경기도 평택시 쌍용자동차 공장 노동자가 농성 중에 경찰이 쏜 전자충격기(테이저건)의 전기침을 뺨에 맞았다는 뉴스를 접했다. 끔찍했다. 이씨는 1998년 도입된 정보공개 청구제도를 통해 직접 궁금증을 풀기로 했다. 마침, 1년 전 처음 경찰 진압복에 세금이 얼마나 쓰일까 궁금해 했던 일도 생각났다.

7월 28일 그는 경찰청에 2005년 1월 1일부터 2009년 7월 28일까지의 '경찰 호신 및 제압무기와 보호장비 구입내역'에 대한 정보공개 청구를 했다. 2주 뒤 경찰은 자료를 보내왔다. 결과는 놀라웠다. 경찰은 5년간 전자충격기를 사는 데만 60억여 원을 썼다. 진압복에는 31억여 원이 들어갔다.

"처음 정보공개 청구를 했을 때 담당 경찰관이 전화를 걸어와 '이 자료가 왜 필요하냐', '줄 수는 있지만 정말 꼭 필요한 거냐'고 캐물었어요. 국가기관의 정보는 국민의 것인데, 그걸 자기 것처럼 생각하고, 알려 줄 때는 생색을 내거나 감추려 하니 화가 나요. 청구한 정보를 받아 들었을 때 내 권리를 되찾은 것 같아 뿌듯했죠."

중소기업 사장인 김○○(53) 씨는 지난해 9월 출근길에 서울 중구 퇴계로에서 은행나무를 뽑고 소나무를 심는 광경을 봤다. '아니, 잘 자라고 있는 나무들을 왜 뽑는 거야?'

김씨는 정보공개 청구 누리집(www.open.go.kr)에서 서울 중구청을 상대로 '2007년 1월 1일부터 2009년 1월 7일까지 가로수 교체 비용(나무 값 포함)과 일시, 교체사업자 명단' 정보공개를 청구했다.

김씨가 받은 자료를 보면, 중구청은 가로수를 교체하는 비용으로 2년 동안 24억 1,200여 만 원을 썼다. 그는 "중구는 납세 순위가 강남·서초·송파구 다음으로 4위에 오른 서울의 '부자 구'"라며 "구청이 돈이 많으면 아이들 급식비 등 좋은 사용처가 많을 텐데, 괜히 가로수를 소나무로 바꾼다면서 세금을 낭비하는 것 같다"고 말했다.

김씨는 "보통 신문이나 방송은 내가 원하는 걸 속 시원하게 알려주지 않는다"며 "내가 직접 정보공개 청구를 해 예산 감시를 할 수 있다"고 밝혔다.

출처: 「공공기관정보 알권리는 시민의 권리」, 『한겨레』 2009. 11. 03.

1. 공공기관이 예산을 어떻게 집행하는지 시민이 잘 알아야 하는 이유는 무엇인가요?

2. 공공기관의 예산 집행 내역을 시민이 잘 알게 되는 것과 절차적 정의의 달성은 어떤 관련이 있을까요? 설명해 봅시다.

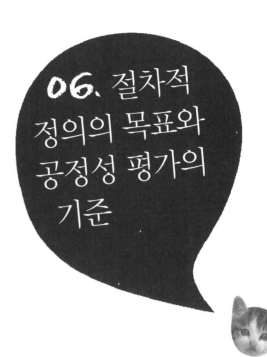

06. 절차적
정의의 목표와
공정성 평가의
기준

학 습 길 잡 이

이 장에서는 절차적 정의의 목표를 검토하고, 절차적 정의에 관한 문제를
다루는 데 유용한 분석표를 소개합니다. 특히 절차적 정의에 관한 문제를
평가하는 3가지 기준을 제시합니다. 그러나 어떤 기준이든 모든 상황에 항
상 유용하지는 않습니다. 무엇인가를 판단하고 선택하는 데 도움은 되지
만, 절대적인 기준이 되는 것은 아닙니다.

절차적 정의의 3가지 목표

절차적 정의의 목표는 무엇일까요? 절차의 공정성 여부를 판단하기 위해
서는 목표를 아는 것이 중요합니다. 절차의 공성성과 절차적 정의의 목표는
결국 같은 것이기 때문입니다. 하지만 절차적 정의의 목표는 일반적 상황을
전제로 하기 때문에 특정 상황에 적용하기 어려울 수 있습니다. 절차적 정의
의 목표는 다음과 같습니다.

① 현명하고 공정한 결정을 위해 신뢰성 있는 정보를 최대한 많이 수집하
　는 것.

핵심 용어 알아두기

• **포괄성**: 목적으로 삼는 행동의
주된 요인을 총망라한 것.

• **신뢰성**: 주장이나 근거의 믿을
수 있는 정도.

• **유연성**: 사정과 형편에 따라
일을 탄력적으로 해결하는 것.

② 결정을 내리기 위한 과정에서 정보의 현명하고 공정한 사용을 보장하는 것.

③ '사생활 보호, 인간의 존엄성, 자유, 분배적 정의, 교정적 정의, 효율성의 증진'
과 같은 중요한 가치와 이익을 보호하는 것.

절차의 공정성 여부를 평가하는 3가지 기준

첫째, 정보 수집 단계의 목적은 무엇인가? 무슨 정보를 찾고 있는지, 그 정보가 왜
필요한지 확인해야 합니다.

> 사례 1: 운전 중이던 경찰은 깜짝 놀란 듯한 사람이 경보음 속에 허둥지둥 은행을
> 나가는 것을 보았습니다. 경찰은 그 사람을 멈춰 세우고 조사했습니다.
> 사례 2: 시의회는 시민을 위한 공원에 어떠한 종류의 놀이시설을 지어야 하는지
> 결정하기 전에 공청회를 열었습니다.

둘째, 정보 수집의 절차가 정당한가? 현명하고 공정한 결정을 내리기 위해서는 신뢰
할 만한 정보가 있어야 하고, 절차는 이와 같은 정보를 최대한 많이 수집할 수 있도록
보장해야 합니다. 절차를 평가하는 5가지 요소는 아래와 같습니다.

㉠ **포괄성** : 절차가 포괄적이고 완전한가? 즉 공정한 결정을 내리는 데에 필요한 모
든 정보를, 관련된 모든 사람에게서 수집하기 위한 절차가 보장되어 있는가?

> 사례: 국회 내의 위원회는 법률안을 만들기 전에 의견을 수렴하기 위해 여의도에
> 서 공청회를 엽니다. 관련된 사람과 단체는 이 공청회에 참석하여 의사를 표현할
> 수 있지만, 거리가 멀거나 교통이 불편한 지역의 시민들은 참석이 어렵습니다.

㉡ **공지** : 관계자들이 적절하게 준비할 수 있도록, 관련 내용이 충분한 시간을 두고
공지되었는가?

사례 1: 재판을 하기 전에는 충분한 시간을 두고 피의자에게 혐의가 무엇이며 재판이 언제 열릴지를 알려 주어야 합니다.

사례 2: 시의회는 도시구획 문제에 대한 공청회를 열기로 하고, 이 사실을 두 달간 시 전체에 널리 알렸습니다.

ⓒ **효과적인 제공**: 절차는 관련자들이 의사를 결정하기 위해 필요하다고 여기는 정보를 효과적으로 제공하고 있는가?

사례: 오늘날에는 개인 변호사를 살 경제적 능력이 없는 사람들을 위해 국가에서 세금으로 지원하는 국선 변호사 제도가 있습니다. 그러나 국선 변호사 한 사람이 담당하는 사건이 너무 많아서, 심리를 준비하는 데 10분~15분밖에 사용할 수 없습니다.

● **심리**: 법률 재판의 기초가 되는 사실 관계 및 법률 관계를 명확하기 위하여, 법원이 증거나 방법 따위를 심사하는 일.

ⓓ **예측성과 유연성**: 절차가 이미 확립되어 충분히 예측 가능한가? 그리고 정의를 촉진하기 위한 변화나 적응이 가능할 만큼 유연한가?

사례 1: 재판 절차는 법률로 정해져 있어 생략되거나 변형되지 않기 때문에 누구나 예측이 가능합니다.

사례 2: 영화배우 이모씨는 스크린쿼터에 관한 공청회에서 의견을 발표하기로 했습니다. 그런데 회의장으로 오는 도중 바퀴에 펑크가 나 회의가 끝나기 직전에야 공청회 장소에 도착했습니다. 그의 사정을 들은 진행자는 이미 발표순서가 지났지만, 그가 발언을 할 수 있도록 허락했습니다.

ⓔ **신뢰성**: 절차는 수집된 정보의 신뢰성을 보장하고 있는가?

사례: 다리 붕괴 사건을 본 한 목격자가 법원에서 그 사실을 증언하였습니다. 하지만 그가 건축가나 구조공학 전문가가 아니기 때문에, 붕괴 원인에 대한 자신의 생각을 말하는 것은 허락되지 않았습니다.

셋째, 의사 결정 과정이 공정한가? 수집된 정보가 의사 결정 과정에서 공정하게 사용되도록 보장하는 절차인지 알아보기 위해서는 다음 3가지 관점에서 생각해 볼 필요가 있습니다.

⊙ **공명정대함**: 편견이나 선입관 없는 공명정대한 결정을 보장하는가?

> 사례: 재판을 받는 사람이 판사의 가족일 경우를 법률상 '제척 사유'라고 하며, 이 경우에는 다른 판사가 재판을 맡아야 합니다.

ⓛ **공개성**: 공적인 일에 관심을 갖고 있는 사람들이 의사 결정 과정에서 정보가 어떻게 사용되고 있는지 관찰하는 것을 허용하고 있는가?

> 사례: 우리나라 헌법 제27조 3항은 "모든 국민은 신속한 재판을 받을 권리를 가진다. 형사피고인은 상당한 이유가 없는 한 지체 없이 공개 재판을 받을 권리를 가진다"라고 하여 공개 재판을 보장하고 있습니다.

ⓒ **오류 발견 및 정정의 가능성**: 오류를 찾아내 정정하고자 할 때, 재검토하는 것이 가능한가?

> 사례: 사형제도를 반대하는 사람들은 사형이 집행되고 난 후에는 잘못된 판결이라는 것이 밝혀져도 되돌릴 수 없다는 점을 지적합니다.

1. 통치기관의 편의에 따라 국민에 대한 정보를 수집하는 것은 허락되어야 할까요, 금지되어야 할까요? 이유는 무엇인가요? 만약 허락되어야 한다면, 그 과정에서 어떤 가치와 이익이 위험에 놓일 수 있을까요?

2. 포괄성, 공지, 효과적인 제공, 예측성과 유연성, 신뢰성을 고려하는 것은 '정보 수집 과정의 공정성'을 평가하는 데에 어떤 도움이 되나요?

3. 공명정대함, 공개성, 오류 발견 및 정정의 가능성은 '의사 결정 과정의 공정성'을 평가하는 데 어떤 도움을 주나요?

우리나라 최초의 국회는 광복 후 1948년 5월 10일에 실시된 총선거에 의해서 구성되었다. 5·10 총선거에서 총 198명의 국회의원이 선출되었으며, 같은 해 5월 31일 지금은 철거된 중앙청 의사당에서 국회가 정식 개원함으로써 대한민국 최초의 제헌국회가 성립되었다. 제헌국회의 초기 의정활동은 주로 헌법 제정 및 초대 정부 수립에 초점이 맞추어졌다. 제헌국회는 국가의 기본법인 헌법과 국회법, 정부조직법을 제정하여 단원제 국회와 대통령 중심의 통치구조를 채택하는 등 정부 수립의 근간을 마련하였다. 1948년 7월 12일에 제정된 헌법은 7월 17일에 공포되었으며, 국회에서 대통령을 선출하고 8월 15일, 드디어 대한민국 정부의 수립이 선포되었다.

출처: 고등학교 정치교과서(천재교육), 151쪽.

● 제헌국회: 1948년 5월 10일 총선거 실시로 구성된 국회를 말하며 달리 '제헌의회' 라고도 한다. 대한민국의 제1대 국회로서 그 회기는 1948년 5월 31일부터 같은 해 12월 18일까지, 총 203일간이었다.

?

1. 국회 수립부터 정부 수립까지 진행 과정을 순서대로 써 보세요.

2. 왜 정부 수립보다 헌법 공포가 먼저일까요? 이유를 적어 보세요.

3. 이와 같은 순서대로 정부가 수립되어야 하는 이유는 무엇인가요? 절차를 바꾸어 보고 생길 수 있는 문제점은 무엇인지 적어 봅시다.

4. 대한민국 최초의 총선거는 북한 지역이 제외되었고, 미군정하에서 UN의 감시 아래 이루어졌습니다. 이러한 배경에서 행해진 총선거가 갖는 한계는 무엇인가요?

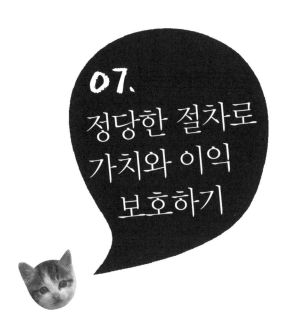

07.
정당한 절차로 가치와 이익 보호하기

절차적 정당성을 판단하기 위해서는 '그와 관련된 가치와 이익이 충분히 고려되었는가'의 여부도 살펴야 합니다. 효과적인 정보 수집이나 의사 결정 과정의 편리함 때문에 인간의 존엄성 같은 중요한 가치를 침해해서는 안 되기 때문입니다.

민주적인 가치와 이익을 보호하기 위해
생각해야 할 4가지

'절차가 민주주의의 가치와 시민의 이익을 보호하고 있는가'라는 질문에 대답하기 위해서는 다음과 같은 것을 고려해야 합니다.

㉠ **사생활과 자유**: 절차가 사생활 보호와 자유의 권리를 침해하고 있지는 않은가?

> 사례 1: 런던 시내에서 일어난 버스 테러의 용의자를 잡기 위해 경찰은 다른 국가 정보기관의 도움을 받아 5개 주택을 수색했습니다. 경찰청은 이 수색

작전을 실행하기에 앞서 '테러법 2000'에 의거해 영장을 발부받아야 했습니다.

사례 2: 한 고등학교에서 중간고사 시험지 절도 사건으로 체포된 영민은 체포된 후 재판을 받기까지 3개월간 감옥에 갇혀 있었습니다. 판결 전까지 영민은 수행 평가나 정기 고사에 응시할 수 없었습니다.

ⓒ **인간의 존엄성**: 인간의 존엄성을 침해하는 절차는 아닌가?

사례 1: 국제사면위원회의 회원인 러·독 호주법무장관은 테러 용의자를 취조하는 방법 중 하나로 수면박탈 사용이 가능하다고 주장했습니다. 고문이 아닌 '강압적인 조치'라는 이유에서였습니다.

사례 2: 일제는 감금, 신체 절단, 물고문 등 잔인하고 강압적인 방법을 사용해 독립 투사들을 고문하고 자백을 받아내려 했습니다.

ⓒ **분배적 정의**: 분배적 정의의 기본 원칙을 침해하는 절차는 아닌가?

사례: 58차 유엔인권위원회는 야간회의 개최에 따른 과도한 통역비용 부담을 줄이기 위해 발언시간을 감축했습니다. 위원국은 10분에서 7분, 비위원국은 5분에서 3분 30초로 조정했습니다. 또, 유엔 사무국은 중동 사태로 인해 예정에 없던 특별회의가 추가로 열리는 등 일정이 늦춰지자 발언신청을 접수한 일부 NGO에 기회를 주지 않기도 했습니다. 대신 구두발언 원고를 공식문서로 접수·배포하는 등의 방법으로 회의를 진행했습니다.

ⓔ **실행 가능성**: 합리적이고 실행이 가능한 절차인가?

사례 1: 피고인이 난동을 부려 재판이 중단되자, 판사가 화가 나서 "한 번만 더 재판을 방해하면 법정에서 퇴장시킬 것"이라 경고했습니다. 하지만 재판 중 피고인을 퇴장시키면 재판을 계속할 이유도 사라지게 됩니다.

사례 2: 한 농구선수가 상대편 선수의 머리에 공을 던져 재판을 받게 되었습니다.

그는 자신에게 경기장에 왔던 1,000명의 관중 전부에게 재판의 증인이 되어 줄 것을 요청할 권리가 있다고 주장하였습니다.

1. 절차적 정의의 문제를 평가할 때 사생활 보호, 자유, 인간의 존엄성, 분배적 정의 등의 가치를 고려하는 것은 왜 중요한가요?

2. 절차적 정의의 문제를 평가할 때 '실행 가능성'을 생각해야 하는 이유는 무엇인가요?

3. 정보를 수집하는 효과적인 방법이 민주주의의 중요한 가치나 이익을 침해할 수 있나요?

생각 넓히기 — 인혁당 사건과 절차적 정의

2007년 1월 23일 법원이 인혁당 재건위 사건 재심 선고 공판에서 유신정권 긴급조치 위반으로 사형이 집행된 8명에게 무죄를 선고해 수사·재판의 위법성과 재판의 오류를 인정했다.

인혁당 사건은 현대사의 암울했던 각종 의혹 사건 중에서도 유신정권 시대에 자행된 '사법살인'의 대표적 사건이자 정치권력에 예속된 사법부의 한계를 여실히 드러낸 사건으로 손꼽혀 왔다.

1975년 4월 9일 대법원에서 상

인혁당 8인의 사형 소식을 전하는 『서울신문』 기사(1975. 4. 10.)

고가 기각된 8명에 대해 사형 확정 18시간 만에 전격적으로 사형을 집행, 재심 기회를 원천 박탈해 스위스 국제법학자협회로부터 '사법 사상 암흑의 날' 이라는 혹평을 받기도 했다.

죄수복을 입은 인혁당 사건 희생자들의 사형 전 모습.

유신정권 시절 피고인들에게 사형을 선고했던 법원이 재심에서 무죄를 선고한 것은 과거의 '잘못된 판결' 을 솔직히 인정하고 피고인들의 명예를 회복시켰다는 점에서 의미가 크다. '전근대적 형사사법 절차' 의 오류를 인정한 셈이다.

당시는 정권 안보 차원에서 희생양이 필요하면, 정보기관이 희생자를 선별해 고문과 조작을 통해 허위 진술을 받아내고 검찰이 재판에 넘겼다. 그리고 법원이 정권의 요구에 부응하는 판결을 내렸다.

재판부는 숨진 피고인 8명에게 적용된 대통령 긴급조치 위반, 국가보안법 위반, 내란 예비·음모, 반공법 위반 혐의에 대해 재심 사유가 아닌 사안을 제외한 모든 판단 사안에 대해 무죄를 선고함으로써 유신정권 시절 '인혁당 사건' 이 조작됐다는 점을 인정했다.

1975년 4월 9일 서대문형무소 앞에서 인혁당 8인의 사형 집행 소식을 듣고 통곡하는 가족들.

재판부는 또한 당시 수사기관의 피의자 신문조서와 진술서가 조작됐거나 강압적인 상태에서 작성됐다는 점을 인정해 아예 증거로 채택하지 않았다. 비상보통군법회의가 진행한 재판에서 작성된 공판조서조차 검사·변호인 신문 때마다 피고인들의 진술이 달라지고, 진술 내용도 앞뒤가 모순되는 부분이 많다는 점 등을 들어 증거로서 유죄를 입증하기에 부족하다고 못박았다.(이하 생략)

출처:「32년 만에 바로 세운 '사법정의' 」, 『연합뉴스』 2007. 01. 23.

*인혁당 재건위 사건 : 1974년 '전국민주청년학생총연맹(민청학련)' 이란 이름으로 대학가 등에 유신 반대 유인물이 배포됐다. 다음 해 4월 긴급조치 4호가 선포됐다. 긴급조치에 따라 설치된 비상군법회의는 "민청학련 주동자들이 지하조직 인민혁명당(인혁당)과 연계를 맺어왔고 공산혁명을 기도했다"며 관련자들을 구속했다. 구속된 도예종 씨 등 8명은 대통령 긴급조치 및 국가보안법 위반, 내란 예비·음모 등의 혐의로 기소돼 1975년 4월 8일 대법원에서 사형이 선고됐다. 유신정부는 선고 18시간만인 다음 날 새벽 전격적으로 사형을 집행했다. 이 사건을 이른바 '인혁당 재건위 사건'이라고 한다. 이에 앞서 대일 굴욕외교 반대시위가 거셌던 1964년 8월 14일 중앙정보부는 "북한의 지령을 받고 국가 변란을 기도한 인혁당을 적발했다"며 41명을 구속했는데, 이를 '인혁당 사건'이라 한다.

억울하게 목숨을 잃은 8명의 인혁당 사건 피해자들. 윗줄 왼쪽부터 서도원, 도예종, 송상진, 우홍선, 하재완, 김용원, 이수병, 여정남.

1. 위 사건의 최초 판결과 재심 판결의 결과가 크게 다른 이유는 무엇인가요? 다음 평가표를 보고 정보 수집 과정과 의사 결정 과정의 어떤 부분에서 판결 오류가 있었는지 체크해 보세요.

2. 위 사건에서 최초의 판결이 크게 잘못된 이유는 사법권의 독립이 보장되어 있지 않았기 때문입니다. 사법권의 독립을 유지하려면 어떤 조치가 있어야 할까요?

분배적 정의의 문제를 해결하기 위한 분석표

질문	대답
1. 어떤 정보를 찾는 중인가? 이 정보는 왜 필요한가?	
2. 현명하고 공정한 결정을 위해 필요한 신뢰성 있는 정보의 수집이 최대한 보장되고 있는가? ㉠ 공지 ㉡ 정보의 효과적인 제공 ㉢ 예측성과 유연성 ㉣ 신뢰성	
3. 수집된 정보가 현명하고 공정하게 사용될 수 있는 절차가 확실한가? ㉠ 공명정대함 ㉡ 공개성 ㉢ 오류 발견 및 청정의 가능성	
4. 절차가 중요한 가치와 이익을 보호하고 있는가? ㉠ 사생활과 자유 ㉡ 인간 존엄성 ㉢ 분배적 정의 ㉣ 실행 가능성	
5. 당신은 이 절차가 절차적 정의를 충분히 구현하고 있다고 생각하는가? 아니라면 무엇을 바꾸면 좋겠는가? 당신의 견해를 밝히시오.	

다음 사례를 읽고 절차적 정의가 잘 지켜졌는지 판단해 봅시다.

◎ 사계절출판사는 1985년 9월부터 세 차례에 걸쳐 벽초 홍명희의 대하소설 『임꺽정』의 재고와 지형을 압수당했는데, 3개월이 지난 후에는 서울지방국세청이 기습적인 세무사찰을 실시해 거액의 벌과금과 추징금을 부과했다. 창작과비평사와 일월서각도 각기 김지하의 시선집 『타는 목마름으로』와 박찬종의 『부끄러운 이야기』를 발간한 죄로 기습적인 세무사찰을 당했다.

◎ 1985년 8월 실천문학사는 서울시경 소속 경찰관들에 의해 교육무크지 『민중교육』 8,000부와 지형을 압수당했다. 압수수색 당시 일반적으로 제시되는 영장의 근거는 경범죄처벌법 제1조 제44호(유언비어 날조 및 유포)인데, 헌법에 보장된 출판의 자유가 이때에는 경범죄로 다스려졌다.

◎ 1986년 4월 21일 도서출판 청사 대표 함영회가 서울 동대문경찰서로 강제 연행돼 『대중경제론』(김대중 저)에 관해 조사를 받고 즉심에 회부돼 구류 5일을 선고받았다. 1984년부터 1987년까지 거름, 한울림, 일월서각, 풀빛, 돌베개, 사계절, 아침, 형성사, 광주, 청년사, 미래사, 인간사, 친구, 녹두, 세계, 동녘 관계자들이 한 차례 이상씩 불법 연행과 구금을 당했다.

출처: 『우리 강물이 되어 70-80 실록 민주화운동』

1. 위의 세 글은 모두 같은 상황을 배경으로 하고 있습니다. 이 상황에서 문제가 되는 것은 무엇인가요?

2. 이 상황에서 지켜져야 하는 것은 무엇인가요?

3. 위 글과 다음 사례를 비교해 보고, 어떤 공통점이 발견되는지 생각해 봅시다.

진시황은 분서(焚書)와 갱유(坑儒)를 실시했다. 새로운 권력의 기틀을 위협하는 목소리를 철저히 잠재우지 않으면 안 된다는 승상 이사(李斯)의 건의를 받아들인 것이다. 이로써 사마천의 표현대로 '천하에 감히 수장되어 있는 시(詩), 서(書) 및 제자백가의 저작들' 이 모두 불살라지게 되었으니, 남은 책이라고는 의약 · 점복 · 종수(種樹)에 관련된 서적들뿐이었다.

PART Ⅲ

교정적 정의

인혁당 재건위 사건
선고 공판에서
무죄 판결이 나자
유가족이 오열하면서
법정을 나오고 있다.

지금까지 분배적 정의와 관련한 이익, 부담, 필요, 능력, 공과의 개념을 알아보았습니다. 그리고 포괄성, 공지, 유연성, 신뢰성, 공명정대함, 공개성, 오류 발견 및 정정의 가능성 등 절차적 정의를 평가하기 위한 여러 가지 요인에 대해서도 배웠습니다. part Ⅲ는 위반과 침해에 대해 어떤 대응 방법이 공정하고 적절한지 '교정적 정의'의 문제를 살펴봅니다. 교정적 정의의 목적과 교정적 정의의 문제를 평가하고 토론하고 결정하는 데 필요한 분석틀을 알아봅시다. part Ⅲ를 마쳤을 때 여러분은 교정적 정의의 의미나 목적을 설명할 수 있을 것입니다. 또, 교정적 정의의 문제를 평가하는 분석틀을 이용할 수 있으며, 위반과 침해에 대해 어떻게 책임질 것인지 신중하게 결정할 수 있을 것입니다.

08.
교정적 정의란 무엇인가?

핵심 용어 알아두기

학 습 길 잡 이

교정적 정의의 목적을 알아보고 위반과 침해의 차이점을 알아봅니다. 교정적 정의의 개념과 목적을 설명할 수 있어야 합니다.

- **보복의 법칙** : 동해보복(同害報復)의 법칙을 말함. '눈에는 눈, 이에는 이(An eye for an eye, A tooth for a tooth)'라는 말로 표현되는 바와 같이 피해자가 입은 침해와 동일한 침해를 가해자에게 가함으로써 보복하게 하는 것이며, 무제한의 복수를 제한하기 위한 것임.

- **교정** : 틀어지거나 굽은 것, 잘못된 결정 등을 바로잡음.

- **대응** : 어떤 일이나 사태에 알맞은 조치를 취함.

- **위반** : 법령·약속·명령·계약·도덕적 의무 등을 어기거나 지키지 않음.

- **침해** : 침범하여 손해를 끼침.

교정적 정의의 의미

'눈에는 눈, 이에는 이'라는 보복의 법칙이 어떤 위반이나 침해에 대한 공정한 대응책이 될 수 있다고 생각하나요? 다음에 나오는 각각의 상황은 '교정적 정의'와 관련이 있습니다. 교정적 정의는 위반이나 침해에 대해서 공정하게 대응한다는 의미입니다. 여기에서 위반은 법, 규칙, 관습, 도덕원칙에 의해 부여된 의무나 책임을 어긴 것을 말합니다. 침해는 사람 혹은 재산에 대한 손상, 인권에 대한 침해 등을 말합니다.

◎ 오늘날에도 중국에서는 심각한 부정부패를 저지른 사람들에게 공개적인 장소에서 사형(총살형)을 집행합니다.

◎ 지훈이가 횡단보도의 정지선에 멈추었을 때, 뒤 따라 오던 차가 지훈이의 차를 들이받았습니다. 법원은 뒤차의 주인에게 지훈이의 차 수리비 300만 원과 병원비 1,000만 원을 지급하도록 판결했습니다.

◎ 우리나라에서는 공무원의 뇌물수수액이 5,000만 원이 넘을 경우 징역 10년 이상 무기징역까지 받을 수 있도록 규정되어 있지만, 1974년 이래 20년 동안 10년 이상의 중형을 받은 사람은 단 한 사람도 없었고, 실형 선고 비율도 20%를 넘은 적이 없었습니다.

1. 위의 3가지 위반이나 침해 사건에 대한 대응 방법들 중에서 공정하지 못하다고 생각하는 것은 어느 것입니까? 그 이유는 무엇입니까?

2. 위반이나 침해 사건에 대한 대응책을 선택할 때 공정함 외에 중요하게 참고해야 할 다른 가치들에는 어떤 것이 있을까요? 그 이유는 무엇입니까?

교정적 정의의 3가지 목적 – 교정, 예방, 억제

한 개인이나 집단이 정해진 규칙과 법을 위반하거나 타인의 권리를 침해하는 일은 어느 사회에서나 일어날 수 있습니다. 우발적이었든 고의적이었든 사람들은 위반이나 침해가 발생하면 그 일을 바로잡으려고 합니다. 위반과 침해에 적절히 대응하기 위해서는 어떻게 해야 할까요?

교정적 정의는 위반과 침해에 대한 공정하거나 적절한 대응책을 찾기 위해 필요합니다. 사람들은 위반과 침해가 발생했을 때, 무시하기도 하고 사건의 재발을 막기 위해서 교육을 받기도 합니다. 위반·침해의 내용이 심각할 때는 가해자가 피해자에게 보상을 하기도 합니다. 몇몇 아주 심각한 사례에서는 벌금을 내거나 징역을 살고, 사형을 당하기도 합니다.

하지만 이 같은 법적 대응이 무조건 우리를 만족시키는 것은 아닙니다. 돈이 없는 친구가 우연히 여러분의 물건을 망가뜨렸을 때, 여러분은 어떻게 대응하나요? 상황에 따라 물건 값을 물어내게 하거나 손해 본 것에 대해 보상을 요구할 수도 있겠지만, 대부분은 그냥 상대방의 진심 어린 사과 한마디로 사건을 매듭지을 것입니다.

교정적 정의의 중요한 목적은 바로 여기에 있습니다. 위반·침해의 내용을 공정하게 교정하고 가해자에게 교훈을 주거나 본보기를 보여 앞으로는 잘못되거나 부주의한 행위를 반복하지 않게 하는 것입니다.

교정적 정의의 목적은 교정, 예방, 억제 3가지입니다. 교정은 손해배상을 하거나 상황이 공정해지도록 형벌을 받게 하는 것이고, 예방은 범죄에 대한 대응책으로 다시는 나쁜 짓을 하는 못하도록 예방하는 것입니다. 또, 억제는 처벌 결과에 대한 두려움을 느끼게 하여 위반이나 침해를 일으키는 것을 단념시킵니다.

이들 3가지는 사회의 질서를 유지하는 데 필수적입니다. 위반이나 침해에 대한 적절한 대응책을 마련하는 것은 공적인 영역뿐만 아니라 사적인 영역에서도 중요합니다. 무엇이 더 적절한 대응책인지 따져 보기 전에, 위반이나 침해에 대한 책임은 누가 져야 하는 것인지 먼저 판단할 필요도 있습니다.

위반·침해에 대한 공정한 대응 방법 마련하기

한 아이가 친구의 축구공을 몰래 가져가 버렸을 때의 대응은 단순합니다. 당사자인 아이에게 축구공을 원래 주인에게 되돌려 주고, 주인의 허락 없이 남의 물건을 가져가면 안 된다는 것을 알려 주면 됩니다. 그런 행동이 나쁜 일이라는 것을 알려 주어 같은 일이 반복되지 않도록 예방하는 것입니다. 아이에게 올바른 행동을 가르치는 것이 곧 적절한 대응책이 되는 셈입니다.

하지만 일상생활에서 일어나는 위반·침해 사건이 언제나 이렇게 단순하고 간단하게 해결될 수 있는 것은 아닙니다. 여러 사람의 입장과 사정이 있기 때문에 공정한 대응책을 마련하기란 무척 어렵습니다. 공정한 대응책은 위반·침해 사건의 내용을 명확히 이해하고 분석했을 때만 찾을 수 있습니다. 다음 5가지 질문에 따라 위반·침해 사건을 분석하고 공정한 대응책을 찾아보세요. 이와 같은 분석의 과정은 더욱 공정하고 적절한 대응책을 찾을 수 있게 도와줍니다.

1. 어떤 위반이나 침해 사건의 중요한 특징을 분석하세요.

2. 어떤 위반이나 침해 사건을 일으킨 사람의 중요한 특징을 분석하세요.

3. 어떤 위반이나 침해 사건을 당한 사람의 중요한 특징을 분석하세요.

4. 어떤 위반이나 침해 사건에 대한 일반적인 대응 방법들을 마련해 봅시다.

5. 적절한 대응 방법을 마련할 때 참고해야 할 다른 가치들과 이익들을 생각하세요.

위반과 침해의 차이점은 무엇일까요?

교정적 정의의 문제를 해결하기 위해서는 위반과 침해의 차이점을 이해하는 것이 중요합니다. 위반이란 법이나 규칙, 관습이나 도덕원칙에 따른 의무나 책임을 어긴 것을 말하고, 침해는 침범하여 해를 끼치는 것으로 사람, 재산, 인권에 대한 손상 혹은 손해를 말합니다.

예를 들어 용돈이 떨어진 청소년들이 편의점 주인을 협박해 금전등록기의 돈을 빼갔다고 해 봅시다. 이러한 행위는 위반이자 곧 침해에 해당합니다. 또, 음주운전자가 무사히 귀가를 했다면, 이는 위반에 해당하지만 침해를 일으킨 것은 아닙니다. 반대의 경우도 있습니다. 야구경기에서 투수가 실수로 공을 잘못 던져서 타자가 다쳤다면, 위반이라는 부정한 행위를 한 것은 아니지만 침해를 일으킨 것이 됩니다.

생각 넓히기 ①　생활 속에서 위반과 침해 구분하기

모둠원들과 함께 풀어 보세요. 다음의 각 상황을 읽고 난 뒤 문제의 물음에 답하세요.

◎ 강원도 태백산맥 동쪽 지방은 여름철 장마가 심할 때는 수십 명의 사람들이 죽고 수백 채의 집들이 파괴되기도 합니다.

◎ 경옥이는 여자배구 결승전에서 상대 팀의 득점을 방해하기 위해 민희를 밀었습니다. 민희는 손목이 부러져 오랫동안 고생했습니다.

◎ 창수는 음주운전을 했습니다. 하지만 운 좋게도 아무런 사고도 일어나지 않았습니다.

◎ 자동차 정비업소에서 타이어를 갈고 실수로 바퀴를 조이는 것을 잊어버렸습니다. 그 결과 차를 운행하는 도중 도로 위에서 왼쪽 앞바퀴가 빠져 버렸고, 바퀴가 빠진 그 차는 옆 차선의 차를 들이받았습니다.

◎ 은행 강도가 나타났다는 신고를 받고 출동한 경찰이 범인의 허벅지를 향해 총을 쏘았지만 빗맞았습니다. 막다른 골목에 몰린 은행 강도는 인질을 잡았습니다. 경찰의 설득으로 인질은 풀려났습니다.

1. 위의 상황에서 위반이나 침해에 해당하는 것은 무엇입니까?

2. 여러분이 정의감을 갖고 공정하게 대응하고 싶은 상황은 어떤 것입니까?

3. 위의 각 상황에서 공정하고 올바른 대응책은 무엇이라고 생각합니까?

생각 넓히기 ② 위반·침해에 따른 적절한 대응과 입장 정하기

모둠을 나누고 다음 상황을 비평해 보세요. 아래 4개의 물음에 답하고, 모둠별로 발표를 해 봅시다.

◎ 영희는 백화점에 가서 셔츠를 입어 보았습니다. 셔츠는 영희에게 무척 잘 어울렸어요. 하지만 영희에게는 셔츠를 살 만한 돈이 없었습니다. 셔츠가 너무 갖고

싶었던 영희는 셔츠를 훔치기로 마음먹고, 점원 몰래 자기 핸드백에 넣었습니다. 영희가 서둘러 백화점을 빠져나오려고 할 때였습니다. 갑자기 경비원이 영희의 팔을 잡아채었습니다.

◎ 철수는 친구와 함께 야구경기를 보면서 술을 마셨습니다. 하지만 술에 취하지 않았기 때문에 직접 자동차를 운전하며 집으로 향했습니다. 그런데 집에 거의 다 왔을 때쯤 철수는 신호등이 빨간불인 것을 미처 못 보고 지나치다가 사고를 내고 말았습니다. 철수의 차가 작은 택배용 트럭을 들이받는 바람에 트럭의 운전자는 심한 부상을 입었습니다. 철수 역시 큰 상처를 입었습니다. 그 사고로 철수는 두 다리를 사용할 수 없게 되었습니다.

1. 위의 각 사례에서 나타난 위반과 침해 행위는 무엇입니까?

2. 위의 각 상황에 맞는 적절한 대응은 무엇입니까?

3. 여러분의 대응은 교정적 정의의 목표들 가운데 어느 것을 달성하도록 하는 것입니까?

4. 위의 각 상황에 공정하고 올바르게 대응하기 위해서 필요한 또 다른 정보에는 어떤 것들이 있을까요? 왜 그 정보들이 중요하다고 생각합니까?

생활에 적용하기   사회정의를 내팽개친 판사들과 '사법 살인'

다음 2개의 신문기사를 읽고, 어떤 점이 정의롭지 못한지 생각해 봅시다.

기사 ①

국내 사법 사상 최악의 판결로 꼽히는 '인민혁명당(인혁당) 재건위 사건'에 대한 재심에서 법원이 사형당한 피고인 8명에게 무죄를 선고했다. 이번 판결은 사건 발생 32년 만에야 진실이 밝혀진 것이지만, 사법부가 잘못된 과거를 인정했다는 점에서 큰 의미를 지닌다.

서울중앙지법 형사합의 23부(재판장 문용선)는 23일 1975년 국가보안법 위반 등의 혐의로 기소돼 유죄가 확정된 뒤 사형이 집행된 도예종 씨 등 8명의 재심 선고공판에서 무죄를 선고했다. 재판부는 "피고인들이 고문 등 가혹행위를 받은 것이 인정돼, 수사기관 및 검찰에서 신빙성이 보장된 상태에서 진술이 이뤄졌다고 볼 수 없다"며 인혁당 재건을 위한 반국가단체 구성, 북한방송 청취 등 반공법 위반에 관련된 주요 혐의사실에 대해 모두 무죄를 선고했다.

재판부는 의사 표현의 자유 등을 박탈한 유신 정권의 긴급조치와 유신헌법 자체가 무효라는 변호인 주장에 대해서는, "위헌 여부를 심사할 권한이 재판부에 없다"고 밝혔다.

'인혁당사건 진상규명 및 명예회복을 위한 대책위원회'는 기자회견을 열어 "32년간 말할 수 없는 고통 속에서도 굴하지 않고 진상규명과 명예회복을 위해 싸워 온 유족들의 승리이자 인권의 승리"라고 밝혔다. 검찰은 "판결문을 검토한 뒤 항소 여부를 결정하겠다"고 밝혔다.

출처: 「18시간만의 '사법살인' 인혁당 재건위 8명 무죄」, 『한겨레』 2007. 01. 24.

기사 ②

1970년대 유신시절 긴급조치 위반으로 법정에 선 피고인에 대해 유죄 판결을 내린 당시 판사 중 일부가 현재 대법관 3명, 헌법재판소 재판관 3명씩 각각 재직 중인 것으로 밝혀졌다. 29일 '진실·화해를 위한 과거사정리위원회'와 대법원 등에 따르면, 현직 대법관 중 한 명은 1978년 술김에 박정희 대통령 사진을 향해 욕설을 한 피고인에게 징역 2년을 선고했다. 그는 당시 1심 재판부였던 서울 영등포지원의 배석 판사로 재직했던 것으로 조사됐다.

또 박 대통령이 철도 건널목을 제대로 만들지 않아 열차 사고가 났다고 말한 한 축산업자도 유신정권하 의정부 지원에서 징역 3년을 선고받았다. 당시 재판에 배석으로 참여했던 판사는 현재 헌법재판소 재판관으로 재직 중이다. 이처럼 유신정권에서 긴급조치 위반 사건에 대해 유죄 판결을 내린 판사에는 현직 법원장·법원행정처 고위간부 등도 포함돼 있는 것으로 전해졌다. 현직에서 물러난 법관으로는 1970년대 이후 대법원장을 지낸 8명과 역대 헌법재판소장 2명 등 10여 명에 이르는 것으로 나타났다.

과거사위원회는 긴급조치 위반 사건에 대해

유죄 판결을 내린 판사 425명의 명단을 이번 주 중 실명 공개한다는 방침이라고 밝혔다. 실명공개 방침에 대해서는 "당시로선 실정법에 따른 판결", "지금의 잣대로 과거 사법 판결을 재단하는 것은 법치주의의 훼손"이라는 반대 여론도 만만치 않아 논란이 일고 있다.

대법원은 과거사위원회의 이 같은 방침에 대해 '여론재판', '마녀사냥'이라며 강하게 반발하고 있다. 대법원 관계자는 "당시 법이 존재하는 상황에서 법을 무시하고 판결을 내리기는 쉽지 않았을 것"이라면서 "재판에 관여했다는 이유만으로 비난받지 않도록 옥석을 가릴 필요가 있다"고 말했다.

긴급조치는 유신정권이 독재를 비판하거나 민주화를 요구하는 이들을 탄압하는 대표적인 수단으로 활용됐다. 당시 긴급조치 판결에 따르면 막걸리 한 잔 마시고 신세 한탄을 하던 '보통사람'에게 징역 12년이 선고되는 등 웃지 못할 일이 비일비재했다.

출처: 「긴급조치 유죄판결 판사 대법관·재판관 6명 재직」, 『경향신문』 2007. 01. 30.

위의 신문 기사를 읽으며 여러분은 어떤 생각을 했나요? 30년여 전 사법부의 법관들이 독재정권의 압력 아래에서 사형선고를 내린 사건이 지금은 재심 청구가 받아들여져 무죄 판결을 받았습니다. '사법 살인'으로 억울하게 죽고 다친 것은 '인혁당 사건' 당사자 8명뿐이 아닙니다. 그 당시 많은 사람들이 독재정권에 불만을 표시했다는 이유로 감옥살이를 해야 했습니다. 사법적 정의를 실현해야 할 판사들이 권력에 굴복해 '유죄 판결'을 하였기 때문입니다.

1. 이 유죄 판결에는 어떤 위반이나 침해가 있는지 생각해 봅시다. 이런 판결을 내린 판사들의 그 당시의 심리상태는 어떠했을까요?

2. 이 판사들에게 책임이 있다고 생각한다면 어떤 대응 방법이 적절할까요?

3. 적절한 대응 방법을 결정할 때 어떤 가치나 이익들을 생각해 볼 수 있을까요?

09. 교정적 정의 문제를 분석하는 데 필요한 내용들은 무엇인가?

교정적 정의의 문제를 해결하기 위해서는 우선 무엇이 문제인지, 문제를 분석할 줄 알아야 합니다. 문제를 분석하는 방법을 알아봅시다. 문제 분석 방법을 알면, 복잡하고 어려워 보이는 문제도 정의롭게 해결할 수 있습니다.

1단계 : 위반·침해의 중요한 특징과 심각성 파악하기

어떤 상황에서 발생한 사건이 위반이고 침해인지를 구분하는 것은 교정적 정의에 관한 문제를 평가할 때 제일 먼저 해야 할 일입니다. 위반과 침해를 구분하는 것은 침해가 불법적 행위에 의한 것인지, 의무의 위반인지를 평가하는 데 도움을 주기 때문에 중요합니다. 어느 쪽이든 침해는 불법적인 행위에 대한 공정하고 올바른 대응 방법을 결정하는 결정적인 근거가 됩니다.

술에 취한 사람이 빨간 신호였는데도 횡단보도로 뛰어들어 차에 치였다고 상상해 보세요. 이 사건에 대해서 공정하고 올바른 대응 방법을 결정할 때, 만약 운전자가 조심스럽게 운전하고 모든 교통법규(횡단보도 앞 일단 정지 의무)

를 지켰을 경우와 운전자가 과속 운전을 해서 멈추지 못하고 사람을 치었을 경우, 대응 방법은 어떻게 달라질까요?

위반과 침해가 얼마나 심각한 정도인가를 알아보는 일도 매우 중요합니다. 그 상황에 대한 대응 방법이 위반이나 침해의 심각한 정도에 비례해야 하기 때문입니다. 우리는 이것을 '비례의 법칙' 이라고 부릅니다.

예를 들어 음주 운전하고 있었던 철수가 음주 운전 단속을 하던 경찰의 정지 신호를 보았습니다. 철수가 즉시 속력을 줄이고 음주 단속에 응하는 경우와 다른 골목길을 통해 도망가다가 다른 몇 대의 차와 충돌하여 결국 경찰에게 체포되었을 경우, 각각 대응책은 어떻게 달라질 수 있을까요?

★ 위반 · 침해의 심각성을 가늠할 때 필요한 4가지 질문

여러분이 위반이나 침해의 심각성을 평가할 때 사용할 수 있는 일반적인 질문은 다음과 같습니다.

① 범위 : 얼마나 많은 사람들 혹은 많은 일에 영향을 주었습니까?
② 지속 : 얼마나 오랫동안 불법이나 위반을 일으킨 행동이 지속되었습니까?
③ 침해의 정도 : 얼마나 격심한 손해나 손상입니까? 영구적입니까?
④ 수용의 정도 : 여러분의 옳고 그름에 대한 분별력, 인간의 존엄, 또는 다른 가치들을 고려해 볼 때 그 잘못된 행위, 위반이나 침해를 얼마나 이해하고 받아들일 수 있습니까?

생각 넓히기 ① 낙동강 페놀 방류 사건

다음 기사를 읽고 질문에 답해 봅시다.

1991년 3월 14일 경북 구미공단의 두산전자 공장에서 화학물질이 유출됐다. 이 사고는 영남 지역을 사상 유례 없는 수돗물 오염 사건으로 몰아넣었다. 해당 공장의 페놀 원액 저장 탱크에

서 페놀수지 생산라인으로 통하는 약 30m 길이의 파이프 이음새가 파열돼 페놀 원액이 대구 상수원인 다사취수장으로 흘러들어 갔다. 페놀 원액은 가전제품용 회로기판을 만드는 데 사용되는 원료로 14일 밤 10시께부터 15일 새벽 6시까지 약 8시간 동안 30톤가량 새어 나왔으나 회사 측은 이를 빨리 발견하지 못했다.

특히 수돗물 악취를 호소하는 시민들의 신고를 받은 취수장 측은 원인 규명은 않은 채 페놀 소독에 사용해서는 안 되는 염소를 다량 투입, 임산부 및 노약자 등 상당수에 신체적, 정신적으로 큰 피해를 주는 등 사태는 더욱 악화됐다. 유출된 페놀은 낙동강을 타고 흘러 밀양과 함안, 칠서 수원지 등에서도 잇따라 검출돼 부산, 마산 등 영남 전 지역이 페놀 공포에 휩싸였다.

이 사고로 대구지방 환경청 공무원 7명과 두산전자 관계자 6명 등 13명이 구속되고, 관계 공무원 11명이 징계 조치되는 등 환경 사고로는 유례 없는 문책 인사가 뒤따랐다. 국회에서는 진상조사위원회가 열렸고 시민단체들은 '수돗물 페놀 오염대책 시민단체 협의회'를 결성했으며, '두산제품 불매운동'이 확산되기도 했다. 두산전자는 30일간 조업정지 처분을 받았으나 페놀 사고가 단순한 과실일 뿐 고의성이 없었다는 환경처의 집행정지 처분으로 사고 발생 20일 만인 4월 9일부터 조업 재개가 허용됐다.

그러나 4월 22일 낮 12시 5분께 두산전자 구미

공장 동쪽에서 또다시 2톤가량의 페놀 원액이 낙동강에 유입되는 2차 사고가 발생, 전국적인 수돗물 불신풍조와 함께 국민들의 항의 시위가 확대됐다.

마침내 두산그룹 회장이 물러나고 환경처 장·차관이 인책, 경질되는 사태로까지 이어졌다. 이후 물의 소중함과 환경보전에 관한 국민의 관심이 높아져 '환경범죄의 처벌에 관한 특별조치법'이 제정됐으며, 행정구역에 따른 시도별 수질관리의 문제점을 개선하기 위해 한강, 낙동강, 금강, 영산강 등 전국 4대 강을 수계별로 관리토록 하는 '유역별 환경관리위원회'도 구성됐다.

마산·창원시민대책위원회의 수도요금 납부거부 서명운동. 두산전자 공장에서 유출된 페놀이 낙동강을 타고 흘러들어 영남의 전 지역민이 공포에 휩싸였다.

이 사건은 환경문제에 대한 국민들의 경각심을 고조시키고, 음용수 검사항목의 문제를 본격 제기하는 계기가 됐다. 환경단체인 '녹색연합'은 1999년 '50년대 이후 발생한 우리나라 환경 10대 사건' 중 1위로 이 사건을 선정했다.

출처: 「경남 60년 30대 뉴스 (23) 낙동강 페놀 방류 사건」, 『경남신문』 2006. 03. 02.

1. 위 공장의 위반이나 침해는 얼마나 넓게(범위) 발생했습니까? 이 사건은 얼마나 많은 사람과 일에 영향을 끼쳤습니까?

2. 위반이나 침해는 얼마나 오랫동안 계속(지속)되었습니까?

3. 위 공장의 위반이나 침해는 얼마나 충격(침해의 정도)을 주었습니까? 얼마나 심각한 손해나 손상입니까?

4. 이와 같은 위반이나 침해에 대해 얼마나 이해할 수(수용의 정도) 있습니까? 여러분의 옳고 그름에 대한 분별력, 인간의 존엄성, 또는 다른 가치에 비추어 볼 때 얼마나 이해하고 받아들일 수 있습니까?

2단계 : 위반ㆍ침해를 일으킨 사람과 피해자 구분하기

문제를 정확히 분석하기 위해서는 위반이나 침해를 일으킨 당사자와 피해자에게 물어야 할 7가지 질문이 있습니다.

★ 위반ㆍ침해 문제의 정확한 분석을 위한 7가지 질문

① 위반ㆍ침해를 일으킨 사람의 당시 심리상태는 어땠나요?

② 과거에도 이와 비슷한 위반이나 침해를 일으킨 적이 있나요?

③ 위반이나 침해를 일으킨 사람의 성품은 어떤가요?

④ 위반이나 침해를 일으킨 사람이 후회하거나 반성하고 있나요?

⑤ 혼자서 위반이나 침해를 일으켰나요, 다른 사람과 같이 했나요?

⑥ 위반이나 침해를 당한 사람이 원인을 제공하지는 않았나요?

⑦ 위반이나 침해를 당한 사람의 회복 가능성은 얼마나 되나요?

위반ㆍ침해 사실에 공정하게 대응하려고 할 때, 위의 7가지 질문들 중에서 가장 중요하게 생각해야 할 것은 1번 '위반ㆍ침해를 일으킨 사람의 심리상태' 입니다. 위반이나 침해를 일으킬 당시의 심리상태를 '의도, 부주의, 결과에 대한 예측, 통제, 의무 혹은 책임, 더 중요한 가치들과 이익들'의 관점에서 살펴볼 필요가 있습니다.

★ 위반 · 침해시 심리상태를 분석하는 6가지 관점

① 의도 : 고의로 위반이나 침해를 일으키거나, 명백하게 심각한 피해가 일어날 위험이 있음에도 이를 무시했나요?

② 부주의 : 예측되는 위험에 충분히 주의를 기울이지 않고 무분별하게 행동했나요?

③ 결과에 대한 예측 : 위반이나 침해가 일어날 것이라는 예측을 할 수 없었나요?

④ 통제 : 위반이나 침해의 행동에 대해 주변 사람들이 물리적으로나 정신적으로 통제하지 않았나요?

⑤ 의무 혹은 책임 : 위반이나 침해를 예방하기 위해 어떤 행동을 해야 하는 의무, 혹은 하지 말아야 하는 의무가 그 사람에게 있었나요?

⑥ 더 중요한 가치들과 이익들 : 위반이나 침해 사실을 정당화할 만한 동기(가치, 이익, 책임감 등)가 있었나요?

범죄자를 처벌하는 것만이 위반과 침해에 대한 확실한 대응책이 아닙니다. 처벌이 범죄를 예방하는 최선의 방법은 아니며, 사건이 아주 경미할 때는 경우에 따라 처벌이 필요하지 않을 수도 있습니다. 범죄자들을 치유하거나 교육하는 것과 같이 범죄 예방은 처벌보다 '용서'가 더 좋은 방법일 수 있습니다.

★ '처벌'에 따르는 3가지 위험성

① 처벌은 위반 · 침해라고 하는 결과에 대해서만 평가할 뿐 그 사람의 선한 의도나 목적은 고려하지 않는다.

② 위반 · 침해를 일으킨 당사자가 처한 환경, 지금까지 살아온 행동방식, 성격, 인격을 고칠 수 있는 기회를 제공하지 않는다.

③ 위반 · 침해가 정당방위의 결과였을 수 있다.

다음에 소개된 두 개의 기사를 읽고 다음 질문에 답해 봅시다.

기사 ①

"피고인은 무죄!"

함주명 씨는 '왈칵' 뜨거운 눈물을 쏟아냈다. 서울고등법원 형사4부(재판장 이호원)가 2005년 7월 15일 열린 함씨의 재심사건 선고공판에서 "함씨가 고문으로 인해 한 거짓 자백을 유죄의 증거로 인정할 수 없고, 전향 간첩 홍아무개씨의 진술이 시간이 흐를수록 엇갈리는 등 믿기 어렵다"며 무기징역이 선고된 원심을 깬 것이다.

재판장의 판결 선고가 이어지는 십여 분 내내 함씨의 뺨을 타고 하염없이 눈물이 흘러내렸다. 그 눈물 방울방울에는 '간첩'이라는 누명을 쓰고 살아온 22년의 응어리가 녹아 있는 듯했다.

함씨가 느닷없이 간첩으로 몰린 것은 1983년이었다. 어느 날 아침 서울 종로구 기독교회관 앞길을 걷다가 납치되듯 끌려간 치안본부 남영동 대공분실에는 '고문 기술자' 이근안 씨가 그를 기다리고 있었다. 이근안 씨는 그에게 "북한의 지령을 받아 30년 동안 남파간첩으로 활동했다"는 진술을 강요했고, 그때부터 '악몽' 같은 고문이 시작됐다.

몽둥이로 온몸을 때리는 것은 물론이고 '칠성판'에 몸을 묶고 얼굴에 수건을 뒤집어씌운 다음

22년 만에 간첩 누명을 벗고 기뻐하는 함주명(74) 씨.

샤워기를 들이대 숨을 못 쉬게 하는 물고문, 새끼발가락에 전깃줄을 감아 전류를 흘려보내는 전기고문이 무려 45일 동안 계속됐다. "고정간첩으로 암약해 왔다"는 거짓 자백을 하고 나서야 죽음보다 더한 고문을 받지 않을 수 있었다.

함씨에게 죄가 있다면, 6·25 전쟁 때 헤어진 부모형제를 만나기 위해 대남 공작원을 자원해 군사분계선을 넘은 죄밖에 없었다. 그것도 1954년 남쪽에 오자마자 자수해 징역 2년에 집행유예 3년을 선고받고 풀려난, '오래 전' 일이었다. 1968년 중앙정보부도 '요시찰 대상에서 해제됐다'고 통보해 온 터였다.

그 뒤로 함씨는 30여 년을 평범한 대한민국 국

민으로 살았다. 결혼해 아들도 둘 낳았고, 단란한 보금자리도 꾸렸다. 물론 그에게 사회는 차가웠다. 번듯한 직장에 취업할 수 없어, 늘 가난에 허덕이다 이혼의 아픔도 겪어야 했다. 그러나 함씨는 가정을 지키기 위해 폐품팔이와 연탄 배달, 분식점, 외판원 등등 닥치는 대로 일했다.

그러나 고문은 함씨의 생활을 송두리째 망가뜨렸다. 검사와 판사에게 울면서 "고문당했다"고 매달렸지만 믿어 주지 않았고, 결국 1984년 국가보안법 위반 혐의로 무기징역이 확정됐다. 수사기관에서의 함씨의 고문에 의한 자백과 1980년 전향한 남파간첩 홍씨의 "개성의 우순학이라는 여인의 남편이 남파간첩이고, 함씨가 그 남편일 가능성이 크다"는 진술이 유일한 증거였다. 1998년 특별 가석방으로 풀려나기까지 함씨는 16년 동안 '억울함' 만을 곱씹어야 했다.

이듬해 민변(민주사회를 위한 변호사들의 모임) 변호사들이 함씨에게 고문을 했던 이근안 씨를 불법감금·위증 혐의로 서울지검에 고발하면서, 함씨에게도 한 줄기 '빛' 이 비치기 시작했다. 이근안 씨가 검찰에서 자신의 범죄 사실을 모두 인정한 것이다. 1983년 "이 새끼, 저 새끼!" 하며 욕설을 내뱉던 이근안 씨는 대질신문 자리에서 그의 손을 꽉 잡으며 "죄송했습니다" 하고 용서를 구했다. 함씨도 "건강하라"며 등을 두드

려줬다. 공소시효가 지나 이씨를 처벌하지는 못했지만, 검찰 수사 결과를 근거로 함씨는 재심을 청구했고, 2003년 서울고등법원은 "수사경찰관이 직무에 관한 죄를 저지른 것이 증명됐다"며 재심 개시 결정을 내렸다.

선고 뒤 함씨는 "진실을 밝혀내야 한다는 '희망' 하나만으로 지금껏 버텨 왔다"며 "남편 뒷바라지에 고생해 온 아내와 '간첩의 자식' 이라는 이유로 주변의 눈총을 받고, 결혼에서도 좌절하는 아픔을 겪은 자식들에게 고마울 뿐" 이라고 말했다. 그는 또 다른 '조작 간첩' 사건 피해자들에 대한 미안함도 잊지 않았다. 함씨는 "다른 피해자들은 재심청구도 받아들여지지 않고 있는데, 이제는 국가가 나서서 이들의 '피맺힌 한' 을 풀어줘야 한다"고 강조했다.

함씨의 변호를 맡은 조용환 변호사는 "고문에 의한 조작 간첩 사건은 국가권력에 의한 조직범죄"라며 "따라서 엄격한 형사소송법의 재심 사유에 얽매일 것이 아니라, 국가가 직접 피해자들의 명예회복과 손해배상 등 당시 사건의 진실을 밝혀내야 한다"고 말했다. 민가협은 함씨와 같이 뚜렷한 물증 없이 주변의 진술이나 고문으로 인한 본인의 자백만을 근거로 유죄를 선고받은 조작 간첩 사건의 피해자가 100여 명에 이를 것으로 추정하고 있다.

출처: 「함주명씨, 간첩누명 22년만에 벗었다」, 「한겨레」 2005. 07. 15.

● 민가협(민주화운동유가족협의회) : 1985년 12월 12일 창립. 민가협이 창립되던 1985년은 군사독재 정권하에서 수많은 청년·학생, 노동자, 민주인사들이 구금되었고, 안기부 등 수사기관, 교도소에서 고문 등 인권유린이 심각했기에 이러한 인권침해와 맞서 싸우고 양심수들을 구조하기 위해 가족들이 만든 모임.

기사 ②

조작 간첩 사건으로 16년 동안 옥살이를 했던 함주명 씨와 가족들이 고문으로 거짓 자백을 받아냈던 이근안 씨와 국가로부터 14억 원의 위자료를 받게 됐다. 서울중앙지법 민사합의 12부(강민구 부장판사)는 2006년 11월 3일 함씨와 가족들이 이씨와 국가를 상대로 제기한 손해배상 청구소송에서 "피고들은 함주명 씨에게 7억 원, 아내 이춘자 씨에게 4억 원, 함종우 씨 등 자녀 3명에게 각각 1억 원씩 모두 14억 원의 위자료를 지급하라"며 원고 일부 승소 판결했다.

재판부는 판결문에서 "이근안 씨 등의 불법체포·감금, 고문, 증거조작, 허위 증언은 불법행위이며, 국가는 국가배상법에 따라 이씨와 연대해 손해를 배상할 책임이 있다"고 밝혔다. 재판부는 함씨 등의 손해배상 청구권에 대해 "손해배상 청구권의 소멸시효(10년)도 신의성실과 권리남용금지 원칙의 지배를 받는다"며 "재심판결이 확정된 2005년 7월 23일까지 함씨 등이 피고들에 대해 손해배상 청구권을 행사할 수 없는 객관적인 장애사유가 있었기 때문에 소멸시효를 적용할 수 없다"고 판단했다.

함씨는 1984년 이근안 씨의 고문으로 허위 자백을 한 뒤 간첩죄로 무기징역형을 선고받았고, 1998년 특사로 풀려났다. 함씨는 2000년 재심을 청구해 지난해 7월 조작 간첩 사건 피해자로서는 처음으로 무죄 판결을 받았다.

출처: 「"간첩누명 함주명 씨 14억 배상" 판결」, 『한겨레』 2006. 11. 04.

?

1. 위반이나 침해에 대한 대응 수준을 결정할 때, 범죄자의 심리상태를 고려하는 것이 중요한 이유는 무엇인가요? 또, 범죄자의 행위를 판단할 때 행위의 정당성이나 범죄자의 변명을 고려하는 것이 중요한 이유는 무엇인가요?

2. 어떤 사람이 일으킨 위반이나 침해에 대한 대응 방법을 결정할 때, 그 사람의 이력, 인격, 개인적 특징과 양심의 가책이나 후회의 감정 등을 고려해야 한다는 입장을 지지하려면 어떤 논거를 만들 수 있을까요?

3. 위반이나 침해에 대한 대응이 범죄자의 천성이나 인격으로 좌우되어서는 안 되며, 특정한 범죄를 저지른 사람은 누구라도 똑같이 처벌되어야 한다는 입장을 지지하려면 어떤 논거를 만들 수 있을까요?

위반과 침해의 심각성을 평가하는 것만으로 교정적 정의의 문제를 해결할 수는 없습니다. 더 많은 정보와 요인을 알아야 합니다. 기사「함주명 씨, 간첩누명 22년 만에 벗었다」를 다시 한 번 읽고 다음 질문에 답해 봅시다.

4. 이근안 씨를 처벌해야 한다면 어떤 요인을 고려해야 합니까? 이근안 씨가 처벌받지 않게 하려면 어떤 요인을 고려해야 합니까?

5. 이근안 씨가 처벌받아야 하는지, 아닌지를 결정할 때 어떤 정보가 더 필요합니까? 그 정보가 중요한 이유는 무엇인가요?

6. 이 이야기에서 묘사된 위반과 침해에 대한 공정한 대응책으로 무엇이 있을까요? 그렇게 생각하는 이유는 무엇인가요?

7. 여러분이 제안한 대응책이 나아가 위반과 침해에 대한 예방책이 될 수 있나요? 어떻게 그럴 수 있다고 생각합니까?

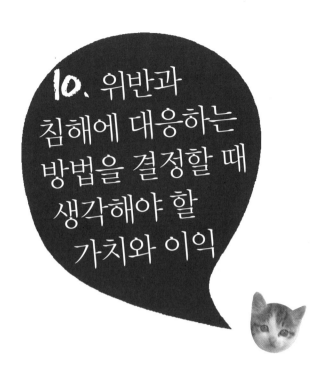

10. 위반과 침해에 대응하는 방법을 결정할 때 생각해야 할 가치와 이익

학습길잡이

교정적 정의의 문제를 분석하는 방법과 위반·침해에 대한 최선의 대응 방법을 소개합니다. 어떻게 해야 위반·침해에 대해 정당하게 대응하는 것일까요? 위반·침해에 대한 각각의 대응 방법은 그에 합당한 목적이 있고, 정당한 대응 방법을 결정할 때는 반드시 고려해야 할 가치와 이익이 있습니다. 주변에서 교정적 정의 문제를 찾아보고 그에 대한 대응이 적절했는지, 목적에 합당했는지 평가해 봅시다.

지금까지 여러분은 교정적 정의의 문제를 분석하는 데 필요한 단계 절차 중 두 단계를 살펴보았습니다. '1단계: 위반이나 침해의 중요한 특징들을 구분하는 것', '2단계: 위반이나 침해를 일으킨 사람이나 당한 사람의 중요한 특징들을 구분하는 것'이 바로 그것입니다. 이제부터는 적절한 대응방법을 결정하기 위한 절차 2가지를 살펴봅시다. '3단계: 위반과 침해에 대한 일반적인 대응 방법과 그 목적을 조사하는 것', 그리고 '4단계: 무엇이 최선의 대응책인지를 결정하기 위해 관련된 가치와 이익들을 고려하는 것'이 바로 그것입니다.

3단계 : 위반·침해에 대한 일반적인 대응 방법과 그 목적 조사하기

교정적 정의의 주요 목적은 위반·침해에 대해 공정하고 적절한 대응책을 마련하는 것입니다. 적절한 대응 방법은 위반이나 침해 상황을 바로잡을 뿐만 아니라 미래에 발생할지도 모를 비슷한 위반이나 침해들을 예방하고, 위반·침해 때문에 다른 일이 발생하는 것을 저지하거나 억제하는 데 도움이 됩니다.(잘못된 대응책은 교정적 정의의 목적을 이루는 데 도움이 되기보다 오히려 해가 되기도 합니다.)

아래의 7가지 항목은 위반·침해에 대한 일반적인 대응 방법과 각각의 방법이 추구하는 목적을 간단히 설명하고 있습니다. 적절한 대응책과 목적은 상황에 따라 한 가지 이상일 수도 있습니다.

★ 위반·침해에 대한 7가지 대응 방법

① 위반·침해를 일으킨 사람에게 그 잘못을 알린다

위반·침해 사실과 잘못을 당사자에게 충분히 설명함으로써 또다시 위반·침해가 일어나지 않도록 예방하는 방법입니다. 이 방법은 강제성이 없기 때문에 보완할 수 있는 다른 대응 방법을 추가로 채택할 필요가 있습니다.

> 사례 : 제한속도가 시속 60km인 시골길을 80km로 달린 자동차 운전자가 교통경찰에게 적발되었습니다. 운전자는 초행이라 여러 가지 도로정보를 몰랐다고 통사정을 했습니다. 경찰관은 범칙금 고지서를 발부하지 않고, 운전자에게 앞으로는 주의할 것을 당부하며 가던 길을 계속 갈 수 있도록 허가하였습니다.

② 위반·침해 사실을 눈감아주거나 무시한다

위반이나 침해를 바로잡으려는 시간과 노력이 아깝다고 판단되면, 위반·침해 사실을 눈감아 주거나 무시할 수 있습니다. 그로 인해 당장의 위반·침해를 바로잡을 수는 없지만, 장래에는 그런 일이 없도록 방지할 수도 있습니다.

③ 위반·침해 사실을 용서한다

위반·침해를 범한 당사자가 자기 행동을 후회하고 다시는 그러지 않기를 바랄 때, 혹은 자기 행동으로 이미 충분한 고통을 겪었다고 생각할 때 우리는 '용서'를 결정합 니다. 하지만 이 방법은 강제력이 없기 때문에, 당장의 위반·침해를 바로잡기는 힘듭 니다.

사례: 김일태 씨는 1년 후 빌린 돈을 모두 갚는다는 약속을 받고, 고등학교 친구인 치과의사에게 사업자금 2,000만 원을 빌려 주었습니다. 하지만 친구는 사기를 당 해 돈도 모두 잃고, 앞으로 치과병원도 유지할 수 없게 되었습니다. 게다가 다른 여러 곳에도 빚이 많아서 형사처벌을 받을 지경에 처했습니다. 이런 사정을 딱하 게 여긴 김일태 씨는 '친구 잃고 돈 잃는다'는 말이 자신의 일이 된 것을 안타까워 하며, 친구에게 자신의 돈을 갚지 않아도 된다고 말했습니다.

④ 위반·침해를 행한 자를 처벌한다

처벌의 한 가지 목적은 교정적 정의, 즉 위반이나 침해에 대해 복수하거나 보복하는 것입니다. 처벌은 범죄자에게 교훈을 주고 다른 사람들에게 본보기가 되기 때문에 예 방·방지의 효과를 기대할 수 있습니다.

사례: 요즘은 인터넷에서 영화나 노래를 불법 다운로드하는 사람들이 많아지면서 저작권자의 의뢰를 받아 이를 물색하는 변호사들이 생겨나고 있습니다. 불법 다 운로드 한 건당 몇 십만 원에서 몇 백만 원까지 합의금을 물어야 하거나, 약식 재 판에 기소되기도 합니다.

공공의 재산이나 건물 등에 허락 없이 낙서를 하거나 그림을 그려 위반·침해를 일으킨 사람에 대한 공정하고 적절한 대응 방법은 무엇일지 생각해 보세요.

⑤ 위반·침해로 인한 손해, 손상을 원래 상태가 되게 한다

물건이나 상황을 위반·침해 사건이 일어나기 전과 똑같이 되돌려 놓으라고 요구하는 것은 미래의 위반이나 침해를 예방하거나 저지하는 데 도움이 됩니다.

사례: 사기를 쳐서(위반·침해) 다른 사람의 집을 자기 것으로 만든 사람에게 판사는 재산을 원래 주인에게 돌려주도록 명했습니다. 여기에 판사는 정신적 피해 보상금 1,000만 원을 추가로 더 보상하도록 선고하였습니다.

⑥ 회복 불가능한 손해나 손상에 대해 보상이나 대가를 요구한다

많은 경우 위반·침해로 인한 손해, 손상, 피해는 원래대로 되돌릴 수 없습니다. 때문에 피해자는 가해자 및 불법 행위자에게 피해를 입은 것의 가치에 해당하는 만큼의 돈이나 물질을 보상하라고 요구할 수 있습니다. 이와 같은 위반·침해에 대한 피해자의 요구는 미래의 위반·침해를 예방하거나 저지하는 데 기여할 수 있습니다.

사례: 어느 운전자 가족은 교통사고로 자동차가 충돌했을 때, 에어백이 작동하지 않아 운전자가 사망하게 되자 자동차 제조회사를 고소했습니다. 재판관은 자동차 회사의 과실을 인정하여 운전자 가족에게 보상금으로 2억 원을 지급하라고 판결하였습니다.

⑦ 위반·침해를 일으킨 자에게 치료나 교육을 제공한다

불법 행위자에게 치료나 교육을 제공하는 것은 당장 그들이 일으킨 위반·침해를

교정하기 위함이 아닙니다. 치료나 교육은 불법 행위자가 사회의 책임 있는 구성원이 되는 데 필요한 지식과 기술을 제공해, 앞으로 위반·침해 등의 사건이 일어나지 않도록 예방하는 데 있습니다.

> 사례 : 미국 캔자스 주에서는 감옥에서 형을 받고 있는 모든 사람들이 정신과 의사나 정신건강 전문가에게 상담과 치료를 받습니다. 한 연구 결과에 따르면 치료를 받은 죄수들이 석방 후 다시 감옥에 돌아오는 비율은 그렇지 않은 죄수들에 비해 25%정도 낮다고 합니다.

1. 위반을 저지르거나 침해를 일으킨 누군가를 처벌하지 않겠다고 결정한 적이 있나요? 왜 그런 결정을 했나요? 여러분이 선택한 방법 이외에 다른 대응 방법은 무엇이 있는지 생각해 보세요.

2. 다른 사람의 부주의한 잘못으로 손상이나 손해를 입었다면, 어떻게 대응해야 할까요? 만약, 그 사람이 고의로 그랬다면 어떻게 대응하는 것이 좋을까요?

3. 만약 과거에 부정행위를 저질러 다시는 그 일을 하지 말아야 한다고 경고 받았던 사람이 다시 부정행위를 저질렀다면 어떻게 대응해야 할까요? 그 불법행위자가 10대 청소년이나 어린아이였다면 어떻게 대응해야 합니까? 두 가지 질문의 대답에 차이가 있다면 그 이유는 무엇인가요?

4단계 : 가치와 이익을 모두 생각한 '공정한 대응 방법' 결정하기

앞에서 우리는 위반·침해에 대한 적절한 대응 방법을 결정하기 위한 절차 중에서 '3단계: 위반과 침해에 대한 일반적인 대응 방법과 목적을 조사하기'에 대해 알아보았습니다. 교정적 정의의 기본적인 목적은 위반이나 침해가 발생했을 때 공정한 방법으로 그 일을 바로잡는 것입니다. 우리는 위반과 침해에 대한 대응 방법을 결정할 때, 대응의 목적이 교정인지 예방인지, 아니면 억제인지 생각해 봐야 합니다.

또한, 대응 방법을 결정할 때는 다른 가치와 이익들을 고려해야 합니다. 가능한 한 인간의 존엄성과 생명을 존중하는 대응 방법을 마련하기 위해서입니다. 그럼, 공정한 대응 방법을 결정할 때 꼼꼼하게 따져 보아야 할 9가지 항목에 대해 살펴봅시다.

★ 공정한 대응 방법을 결정할 때 따져야 할 9항목

① 어떤 대응 방법이 위반·침해를 바로잡을 수 있는가?

교정적 정의의 목적은 다른 사람으로부터 가져간 어떤 것을 돌려주도록 요구하거나 손실에 대해 보상하도록 하는 것일 수도 있고, 불법 행위자에게 부담을 주거나 처벌을 하기 위한 것일 수도 있습니다. 그러나 교정적 정의의 바람직한 목적을 위해서는 다른 가치나 이익들을 고려한 대응 방법이 선택될 수도 있다는 것을 기억하는 것이 중요합니다.

> 사례: 절친한 친구가 우연한 실수로 내가 귀중하게 여기는 물건을 깨뜨렸다면 어떻게 대처하겠습니까? 대부분 사람들은 물건 값을 보상하거나 원상 복구할 것을 요구하지 않습니다. 그냥 친구에게 사과를 받는 것으로 상황을 정리합니다.

② 미래의 위반·침해를 저지하거나 예방할 수 있는가?

위반·침해에 대한 적절한 대응책이 필요한 이유는 그런 일이 또 일어나지 않도록 하기 위해서입니다.

> 사례: 범죄자를 감옥에 가두는 것은 그가 똑같은 범죄를 또 저지르지 않도록 하기 위해서이며, 범죄자를 석방하는 것은 앞으로 그런 행동을 하지 않을 거라 기대하기 때문입니다. 자유를 소중히 하는 사람들은 구속을 원하지 않기 때문에 위반·침해와 같은 범죄 행동을 저지르지 않습니다.

③ 분배적 정의에 어떤 영향을 주는가?

분배적 정의란 '비슷한 것은 비슷하게, 다른 것은 다르게 다루는 것'입니다.

> 사례: 비슷한 액수의 뇌물을 받은 비슷한 조건에 있는 두 명의 공무원이 뇌물수수

혐의로 체포되었습니다. 두 명 모두 법원에서 유죄선고를 받았습니다. 만약 한 사람은 징역형을 선고 받아 교도소에 수감되고, 다른 공무원은 집행유예 처분으로 석방되었다면 이는 분배적 정의를 위반한 대응 방법이라고 할 수 있습니다.

④ 인간의 존엄성에 어떤 영향을 주는가?

많은 사람들이 굳게 믿고 있는 믿음 중 하나는 평소 행실이 어떻든 간에 "모든 사람은 존엄하게 대우받아야 한다"는 것입니다. 예컨대 고문·테러·사형과 같은 잔인한 대응 방법은 개인의 죄가 아무리 무겁고 비열해도 사용되지 말아야 합니다.

⑤ 인간 생명을 보존하는 데 어떤 영향을 미치는가?

인간의 생명은 고귀하고 어떠한 경우에도 보호받을 만한 가치가 있습니다. 그렇기 때문에 사람들은 사형제도의 폐지를 주장합니다. 또 다른 사람들은 사형제도가 잠재된 살인을 막고 인간 생명의 가치를 증진하는 데 기여하기 때문에 존속돼야 한다고 주장합니다.

사례 1: 사담 후세인 전 이라크 대통령의 공범으로 사형을 선고받은 이라크 정보기관의 전 수장 바르잔 알티크리티와 혁명재판소의 전 수장 아와드 아메드 알반다르에 대한 교수형이 2007년 1월 15일 새벽 집행됐다고 AP통신이 보도했다. 이라크 정부 대변인 알리 알다바그는 이들의 형 집행 사실을 확인하면서, "이는 신의 행위"라고 말했다. 그는 "집행 도중 알티그리티의 목이 몸과 분리되는 드문 일이 일어났다"고 전했다. 집행은 사담 후세인 전 이라크 대통령이 처형당한 바그다드의 옛날 군 정보기관 건물에서 이루어졌다. 이라크 정부는 기자회견을 열어 집행 사실을 발표했지만, 후세인 전 대통령 때와는 달리 녹화된 집행 장면을 공개하지 않았다.
알티그리티는 1982년 대통령 암살 음모와 관련한 이라크의 두자일 마을 주민 148명 처형에 관여한 혐의로, 알반다르는 주민들에게 사형선고를 내렸다는 혐의로 각각 기소돼 2006년 12월 26일 후세인과 함께 사형이 확정됐다. 후세인 처형(사형선고가 있은 지 사흘 뒤에 집행–편집자 주) 뒤 반기문 유엔사무총장과 잘랄 탈라바니

이라크 대통령 등은 두 사람에 대한 형 집행 연기를 요청했지만, 결국 이라크 정부는 이를 받아들이지 않았다.

출처: 「후세인 측근 2명 교수형 집행」, 『한겨레』 2007. 01. 16.

사례 2: 미국은 "미숙하고 비인도적인" 처형 방식을 지적했지만, 후세인을 구금하고 있다가 집행 몇 시간 전에 이라크 당국에 넘겨준 것은 미국이었다. 미국은 "문명화된" 처형을 위한 사전 조처를 취하지 않았다. 후세인과 관련된 다른 사건에 대해서도 재판이 진행 중이었는데, 심문과 재판이 끝나기도 전에 형을 집행하는 것은 사법적 관점에서도 용인되지 않는 일이다.

출처: 「세계의 창」후세인과 함께 묻힌 비밀들 / 사타르 카셈」, 『한겨레』 2007. 01. 15.

⑥ 주어진 자원을 효율적으로 이용하는가?

개인이든 사회(국가)든 위반·침해에 대한 대응 방법을 결정하기 전에는 대응책을 실현하는 데 드는 시간, 노력, 비용 등의 요소를 고려해야 합니다. 경우에 따라서는 올바른 절차에 맞게 일을 처리하는 데 생각보다 꽤 많은 비용이 들어가기도 합니다.

사례: 여러 나라에서는 위반·침해를 저지른 증거가 있는 사람을 수사하고, 법정에 세워 재판을 받게 합니다. 그래서 유죄 판결을 받으면 감옥이나 다른 기관에 가두는데, 그 같은 형 집행 비용을 사회(국가)가 지불합니다. 하지만 범죄로 인해 피해를 당한 사람들이 겪은 손실에 대해서는 보상하지 않습니다.

⑦ 위반·침해를 일으킨 사람의 자유를 존중하는가?

다른 나라들처럼 우리나라도 개인의 선택과 이동의 자유, 표현의 자유에 높은 가치를 둡니다. 위반·침해에 대한 대응 방법을 선택할 때는 사회의 모든 구성원과 마찬가지로 불법행위자의 자유라는 가치도 훼손되지 않도록 해야 합니다.

⑧ 위반·침해 정도에 비례하는 대응 방법인가?

대응 방법이 공정한가를 판단할 때는 위반이나 침해 정도에 비례하는가를 따져 보아야 합니다.

사례: 2007년 8월 21일, 법원이 '인혁당 재건위 사건' 희생자와 유족에 대해 1975년 법원 판결 등의 불법성을 인정해 국가의 배상책임을 인정한 판결을 내렸다. 법원 스스로 판결의 불법성을 인정한 판결은 이번이 처음이다.

서울중앙지법 민사합의 28부(재판장 권택수)는 21일 우홍선·송상진·서도원·하재완·이수병·김용원·도예종·여정남 씨의 유족들이 국가를 상대로 낸 340억 원의 손해배상 청구소송에서 희생자 8명한테 10억 원씩, 배우자 및 부모에게는 6억 원, 자녀에게는 3억 5000만~4억 원, 형제들에게는 1억 5000만 원씩 배상하라고 판결했다. 배상액 총액만 245억여 원이며, 사형 집행일부터 이날까지 연 5%의 이자를 계산하면 실제 국가가 지급해야 하는 액수는 637억여 원에 이른다. 법원은 "시국 사건 국가 배상액 중 최고액"이라고 밝혔다.

재판부는 판결문에서 "국가는 국민 개개인의 존엄과 가치를 보장할 임무가 있는데도 오히려 국가권력을 이용해 8명을 사회 불순세력으로 몰아 소중한 생명을 빼앗았다"며 "유족들은 30년 남짓 이루 말할 수 없는 고통을 당했다"고 밝혔다. 재판부는 국가의 '손해배상 청구권 시효 소멸' 주장에 대해서도 "유족들이 법원으로부터 과거의 판단이 오판이었음을 인정받기 전에는 국가를 상대로 손해배상 소송을 내기 어려웠을 것"이라며 "국가가 구차하게 책임을 면하려고 하는 것은 받아들일 수 없다"고 밝혔다. 재판부는 또 "8명이 국가권력에 의해 사형당했다"며 중앙정보부 등 수사기관은 물론, 대법원을 포함한 법원 판결의 불법성을 지적했다.

유족들은 선고 직후 서울중앙지법에서 기자회견을 열어 "국가가 항소를 포기하기 바라며, 배상금 일부는 고인들을 추모하는 사단법인을 만들어 통일·인권운동 등을 도울 예정"이라고 말했다. 홍만표 법무부 홍보관리관은 "항소 여부는 서울고검과 국정원이 협의하고 법무부 장관의 승인을 얻어 결정될 것"이라고 밝혔다.

출처: 「'인혁당 재건위 사건' 법원 판결 이미」, 『한겨레』 2007. 08. 22.

⑨ '복수'라는 개인의 욕구를 만족시키는가?

고대부터 사람들은 정의의 개념에 복수의 욕구를 포함해 왔습니다. 그리스 신화에서 네메시스(Nemesis)는 복수의 여신이었습니다. 오늘날에는 '복수'가 고려 대상이 되어서는 안 된다고 주장하기도 하지만, 아직까지 많은 사람들은 복수의 욕구가 자연스럽다고 생각합니다. 위반·침해로 인한 잘못을 바로잡는 한편, 사회에서 그 같은 요인을 원천적으로 제거할 필요가 있다고 여깁니다.

> 사례 : 1625년 프랑스의 철학자 프란시스 베이컨은 "복수는 일종의 야만적 정의이다. 사람의 본성이 원하는 대로 복수할 수 있다면, 그런 대응 방법을 억제하거나 금지하는 법이 더욱 많아져야 한다"라고 말했습니다.

1. 여러 가지 가치와 이익을 고려하는 것이 위반이나 침해를 바로잡는 공정한 대응 방법을 마련하는 데 도움이 된다고 생각합니까?

2. 만약 위반·침해에 대한 대응 방법을 결정할 때, 여러 가지 가치와 이익을 고려하지 않는다면 어떤 문제가 생길까요?

3. 복수의 욕구를 만족시키는 것과 인간의 존엄성이나 생명존중의 가치가 충돌할 때, 어떤 대응 방법을 선택해야 할까요? 그 이유는 무엇인가요?

생활에 적용하기   월간 『말』지 의 보도지침 폭로

『말』지의 보도지침 폭로에 대한 다음의 신문 기사를 읽고, 모둠별로 86~87쪽의 "교정적 정의의 문제를 해결하기 위한 분석표"를 완성하세요. 표를 완성하고 난 후 각자 아래 3가지 질문에 답하세요.

1. 이 이야기에서 묘사된 위반과 침해에 대한 적절한 대응 방법은 무엇입니까?
2. 여러분이 제안한 대응 방법들은 위반과 침해를 바로잡을 수 있도록 계획되었습니까?
3. 여러분이 제안한 대응 방법들은 미래의 위반과 침해들을 예방할 수 있도록 계획되었습니까?

1986년 9월6일 발간된 월간지인 『말』은 '보도지침 특집호'였다. 이는 당시 우리 언론이 처한 현실을 구구한 설명 없이 일거에 웅변해 준 것이었다. 정부의 언론통제는 공공연한 비밀이었으나 당사자 이외에는 그 정도가 어떠했는지를 알 수가 없었다. 5공 청와대는 문화공보부(문공부, 현 문화관광부) 내 홍보조정실을 창구로 매일 각 신문사로 이른바 '보도지침(문공부 용어로는 홍보조정지침)'을 내려보냈다. 일종의 보도통제 일일 지침이었다. 이 지침은 주로 전화를 통해 이루어졌다.

『말』의 보도지침 특집호는 1985년 10월 19일부터 1986년 8월 8일까지 약 10개월간 문화공보부가 하달한 보도지침을 수록했다. 국내외의 주요 사건에 대해 보도할 것인지 말 것인지부터, 보도한다면 그 방향과 내용, 심지어 형식에 이르기까지 시시콜콜 지시하고 있는 보도지침은 참으로 세밀하고도 철저하고 친절한 것이었다.

"담배 수입, 미국의 압력에 의한 것이 아니라고 쓸 것", "야당 질문 내용은 빼고 '그저 했다'라고만 보도할 것", "고문 관계는 오늘도 일체 쓰지 말 것", "부천서 성고문 사건은 '부천 사건'으로 쓸 것", "농촌 파멸 직전 표현 쓰지 말 것" 등에서 보는 것처럼 보도통제만 한 것이 아니라 기사의 내용을 유도하는 것이 많았다. '눈에 띄게', '크지 않게', '돋보이게', '균형있게' 등의 세세한 표현도 자주 등장했다.

독재체제에서 여론이 권력에 의해 어떻게 조작되고 유포되는지 소름이 끼치도록 선명하게 보여 준 보도지침 특집호는 배포되자마자 큰 파장을 일으켰다. 당국은 즉각 전담반을 구성하고 수사에 나섰다. 민주언론운동협의회(민언협) 사무실과 『말』 편집실을 수색해 『말』 보관본과 특집호를 대량으로 압수했다. 당연히 관련자들은 구속을 피해 잠행에 들어갔으며 이들 모두에게

수배령이 떨어졌다. 그러나 보도지침 특집호는 날개가 돋친 듯 팔려나갔다. 당시 언론 현실이 얼마나 참담했는지 이해를 돕기 위해 몇 가지 보도지침 사례를 보자.

• 1985년 10월 26일 '국회의원 미행 도청 말라' 보도하지 말 것. 국회 야당 의원 보좌관 3명 검찰 소환으로 국회 유회 공전된 것은 스트레이트 3~4단으로 보도. 스케치 기사는 안 되고 해설박스기사는 좋음. 야당 의원 의사진행, 신상발언 등을 모은 박스기사 보도하지 말 것. 이재형 국회의장 '정부는 국회의원 미행 도청 잠복하지 말라'는 표현은 보도말 것.

• 1985년 11월 4일 NCC 고문대책위 구성 보도말 것.

• 1985년 11월 5일 국회 내무위에서 전경환 새마을중앙회장이 학생들의 화염병 투척 사건을 보고하고 질의에 답변한 내용은 보도하지 말 것. 서울시경, 오늘 6시 주한상공회의소 학생 난입 사건의 처리방침 발표 예정. 사회면 톱이나 중간 톱으로 다루지 않기를. 사이드 톱 정도가 좋다고 판단. 오늘 산발적 학생시위 일일이 떼지 말고 묶어서 크지 않게 보도.

• 1985년 11월 18일 학생시위 '적군파식 모방'으로 쓸 것. 대학생들 민정당사 난입 사건은 사회면에 다루되 비판적 시각으로 할 것. 구호나 격렬한 프랑카드(플래카드) 사진 피할 것. 치안본

부 발표 '최근 학생시위 적군파식 모방' 발표문은 크게 하되 '적군파식 수법'이라는 제목으로 뽑을 것.

• 1985년 12월 2일　예산안 변칙 통과 책임은 야당에 있다. 국회 여 단독으로 예산안 통과 관련 다음과 같은 방향으로 제작 바람. 여당은 정치의안과 예산안을 일괄 타결하려 했으나 야측, 특히 김대중의 반대로 결렬됐음. '변칙 날치기 통과'라고 하지 말고 '여 단독처리 강행' 식으로 할 것.

• 1985년 12월 19일　김근태 첫 공판 스케치 기사나 사진 쓰지 말고 공판 사실만 1단으로 할 것. 국회 폐회 후 정국 전망 중 제목으로 '장외 대결' 등 표현 쓰지 말 것.

• 1986년 1월 15일　민정 창당대회 대통령 치사 1면 톱기사로. 이원홍 문공장관 저작권 관련 발표문 크게 보도. 신민 의원 기소, 스케치 기사 여러 면에 벌이지 말고 고십(가십)으로 처리할 것. 기소 결정이 고위층과 연결된 인상 주지 말 것.

• 1986년 3월 31일　고대 교수들 개헌지지 성명 사회면 1단으로. 정동성 민정 의원 국회 질의 중 '광주 개헌현판식 사태 신민당이 군중 선동, 김영삼 김대중 야욕 버려야' 발언은 눈에 띄게.

• 1986년 4월 28일　금일부터 KBS 시청료 거부 관계 기사 및 KBS라는 표현도 일체 쓰지 말 것. 야권 지도자 회의 사진 싣지 말고 1면 톱으로 처리하지 말 것.

• 1986년 7월 17일　성고문 사건 검찰 조사 결과 발표 내용만 쓰고 시중에 나도는 반체제 측 고소장 내용 일체 보도하지 말 것. 발표 이외 독자적 취재는 불가.

• 1986년 7월 27일　삼척탄광 광부들 집단행동은 사회불안 요인이므로 일체 보도 말도록. 미 국무성 '성고문 사건에 개탄 표명' 보도하지 말 것.

『말』의 보도지침 특집호는 '독립기념관 원형극장 시설이 모두 일본 제품로 만들어졌다는 사실은 사전에 담당 기자들에게 양해를 구했으므로 싣지 말라'는 1986년 8월 8일자 지침을 마지막으로 끝난다. 이 특집호를 읽은 독자들은 그 내용도 내용이려니와 그동안 언론이 이를 얼마나 충실히 이행했는지를 확인하고 경악했다.

그러면 정권과 신문사 사이에 오간 이 비밀 문건은 어떻게 세상 속으로 걸어 나왔을까. 당시 『한국일보』 기자 김주언(현 한국언론재단 이사)은 옆자리의 편집국장이 어디서인가 걸려 오는 전화 내용을 받아 적어 차곡차곡 모아 두는 곳을 몰래 눈여겨보았다. 국장이 자리에 없는 날에는 자신이 직접 받아 적기도 했다고 한다. 당시 신문사 내에는 안전기획부(국가정보원), 치안본부(경찰청), 문공부 등에서 나온 언론담당 관련자들이 있었으므로 직접 말로 오고 가기도 했지만 정리되기로는 문공부 홍보조정실 지침이 으뜸이었다.

어느 때부터인가 젊은 기자들 사이에 보도지침의 실상을 국민들에게 알려야 한다는 비밀스러운 동조 분위기가 형성되는 것을 감지한 김주언 국장이 지침을 받아쓴 후 모아 둔 것을 모두 복사했다. 그런 후에 대학 동기로 민통련에서 일하고 있는 김도연과 민언협의 이석원과 의논한 후 가장 폭발력 있는 방법을 찾아보기로 합의했다. 김도연 등은 민통련 부의장인 홍제동성당 신부 김승훈, 민청학련 사건으로 사형선고를 받은 바 있고, 12대 국회에 진입해 있는 이철 등과 접촉했다. 그러나 신부와 야당 의원을 통한 폭로보다는 역시 언론인 단체를 통한 방법을 택했다.

민언협 사무국장 김태홍(현 국회의원)은 여러 회원들과 함께 비밀 편집실에 틀어박혀 작업에 들어갔고 이내 책자로 찍혀 나왔다. 김주언은 보도지침 특집호가 출간된 이후에도 시치미를 딱 떼고 정상적으로 근무했다. 그러나 김태홍과 신홍범(민언협 실행위원)이 체포된 이후 그도 집 앞 출근길에 붙잡혔다. 검찰과 사법부는 이들 3인에게 황당하게도 국가보안법 등을 적용해 구속했다. 침묵하는 국내 언론을 비웃듯이 미국·캐나다 등 각국과 앰네스티 등 국제단체에서 항의와 비난이 빗발쳤다. '하늘이 무너져도 정의를 세워야 할' 사법부는 자신의 지위가 흔들리지 않는 범위 안에서 고민하다가(이 사건은 1986년 9월에 국가보안법 위반 혐의가 적용-편집자 주) 1995년에 이르러서야 유죄를 선고한 원심을 깨고 이들에게 무죄를 확정했다.

출처 : 「실록민주화운동」 (65) '말' 의 보도지침 폭로」, 『경향신문』 2004. 07. 26.

● **민통련(민주통일민중운동연합)** : 제5공화국 시절인 1985년 3월, 25개 재야 민주운동단체들이 연합하여 발족한 단체. '민주화운동과 민족통일운동은 하나' 라는 기본인식 위에서 노동자·농민·청년·언론 등 사회 각 분야의 민주화 운동단체들이 총망라해 결성함.

● **민언협(민주언론운동협의회)** : 1975년 해직된 『동아일보』와 『조선일보』의 젊은 기자들과 1984년 군사정권에 의해 쫓겨난 해직언론인들이 '진짜 언론' 을 만들기 위해 '민주어론운동협의회' 를 창립. 모든 언론이 침묵했던 1980년대, 민언협은 기관지 『말』지를 발간해 제도언론이 외면한 민중의 진실을 알리는 데 앞장 섬. 1986년 '보도지침' 을 폭로함. 권력의 언론통제 실상을 보고한 보도지침은 제도언론에는 자성의 계기가 되었고, 군사정권에는 커다란 타격을 줌.

● **민청학련 사건** : 1974년 4월, 폭력으로 정부를 뒤엎기 위해 전국적인 민중 봉기를 꾸몄다는 혐의로 중앙정보부가 전국민주청년학생총연맹(민청)을 중심으로 한 180명을 구속·기소한 사건.

● **국가보안법** : 반국가활동을 규제하여 국가의 안전보장을 위해 제정한 법률(전문개정 1980. 12. 31, 법률 제3318호). 주요 내용은 국가 안전을 위태롭게 하는 반국가활동을 규제함으로써 국가의 안전과 국민의 생존 및 자유를 확보함을 목적으로 한다. 반국가단체의 구성 등 목적수행, 자진지원·금품수수, 잠입·탈출, 찬양·고무, 회합·통신, 편의제공, 불고지, 특수직무유기, 무고·날조 등의 죄와 그에 대한 형이 규정됨.

교정적 정의의 문제를 해결하기 위한 분석표

질문	대답
1. 위반 혹은 침해 구분하기 　① 위반 혹은 침해는 무엇입니까? 　② 위반 혹은 침해는 얼마나 심각합니까? 　　• 범위 　　• 지속 기간 　　• 충격의 정도 　　• 수용 정도	
2. 위반이나 침해를 저지른 사람이나 당한 사람들의 중요한 특징 구분하기 　① 위반이나 침해를 저지른 사람의 당시 심리상태는 어떠했나요? 　　• 의도 　　• 부주의 　　• 결과에 대한 예측 　　• 통제 　　• 의무 혹은 책임 　　• 중요한 가치, 이익, 책임감 　② 위반·침해를 저지른 사람의 과거 이력은 공정한 대응 방법을 결정하는 것과 관련이 있습니까? 　③ 그 사람만의 특징이 공정한 대응을 결정하는 데 관련이 있습니까? 　④ 그 사람이 침해나 위반을 일으킨 후에 어떤 감정을 표현했습니까? 　⑤ 위반이나 침해를 일으켰을 때 그 사람의 역할은 무엇이었습니까? 　⑥ 피해자들은 자신이 겪은 위반이나 침해가 발생하는 데 원인을 제공했습니까? 　⑦ 피해자들은 위반이나 침해로부터 회복할 수 있습니까?	

3. 일반적인 대응 방법과 그 목적 조사하기

① 위반이나 침해한 사실을 당사자에 통지하여야 합니까?
이유는 무엇입니까?

② 위반이나 침해를 눈감아 주거나 무시해야 합니까? 이유
는 무엇입니까?

③ 위반이나 침해를 일으킨 사람을 용서해야 합니까? 이유
는 무엇입니까?

④ 위반이나 침해를 일으킨 사람을 처벌해야 합니까? 이유
는 무엇입니까?

⑤ 가해자에게 침해 내용을 원상태로 돌려놓으라고 요구해
야 합니까? 이유는 무엇입니까?

⑥ 가해자에게 위반이나 침해를 일으킨 것에 대해 보상하
라고 요구해야 합니까? 이유는 무엇입니까?

⑦ 불법행위자에게도 치료나 교육을 제공해야 합니까? 이
유는 무엇입니까?

4. 가치와 이익을 고려하여 공정한 대응 방법 결정하기

① 어떤 대응이 위반이나 침해를 바로잡을 수 있습니까?

② 어떤 대응이 미래의 위반이나 침해를 저지하거나 예방
할 수 있습니까?

③ 어떤 대응이 분배적 정의를 진전시킬 수 있습니까?

④ 어떤 대응이 인간의 존엄성을 보장할 수 있습니까?

⑤ 어떤 대응이 인간 생명의 가치를 보장할 수 있습니까?

⑥ 어떤 대응이 쓸모(효과)가 있습니까?

⑦ 어떤 대응이 불법행위자와 사회의 다른 구성원의 자유
를 보호할 수 있습니까?

⑧ 어떤 대응이 위반이나 침해의 심각한 정도에 비례하는
것입니까?

⑨ 어떤 대응이 복수의 욕구를 만족시킬 수 있습니까?

5. 여러분들이 결정한 공정한 대응 방법과 그 이유를 설명하
세요.

고등학생을 위한 민주주의 **정의편**

정의, 얼마나 공정한가의 문제

ⓒ민주화운동기념사업회, 2009

초판 1쇄 2009년 12월 21일 펴냄

엮고 쓴이 | 양설 · 김원태 · 이미림 펴낸이 | 강준우 기획편집 | 정지희, 김수현, 이지선, 김미량

디자인 | 이은혜, 임현주 마케팅 | 이태준, 최현수 관리 | 김수연

펴낸곳 | 인물과사상사 출판등록 | 제17-204호 1998년 3월 11일

주소 | (121-839) 서울시 마포구 서교동 392-4 삼양빌딩 2층 전화 | 02-471-4439 팩스 | 02-474-1413

홈페이지 | www.inmul.co.kr | insa@inmul.co.kr

ISBN 978-89-5906-134-1 43300

ISBN 978-89-5906-136-5 (세트)

값 8,500원